Franz Kurowski

Major Rudolf Witzig

Franz Kurowski

Major Rudolf Witzig

Als Fallschirmjäger
an den Brennpunkten der Front
und Eroberer von Eben Emael

FLECHSIG

Umwelthinweis:
Dieses Buch und der Umschlag wurden auf chlorfrei gebleichtem Papier gedruckt.
Die Einschrumpffolie – zum Schutz vor Verschmutzung – ist aus umweltverträglichem und recyclingfähigem PE-Material.

3. Auflage 2019

Flechsig Verlag
Internet: www.verlagshaus.com
Einbandgestaltung: Silberwald Agentur für visuelle Kommunikation, Rimpar
www.silberwald.biz
Gesamtherstellung: Himmer GmbH Druckerei und Verlag, Augsburg
www.himmer.de
ISBN 978-3-88189-739-6

Inhalt

Ein Wort zuvor

Als mir Major a. D. und Oberst der Bundeswehr Rudolf Witzig kurze Zeit nach der Erstellung seines Erinnerungswerkes mit dem Titel „Das Korps-Fallschirm-Pionierbataillon und I./Fallschirm-Pionierregiment 21 1942 bis 1944" zur Verfügung stellte, versprach ich ihm, seine Ausarbeitungen in einer bestmöglichen Form und so ausführlich wie möglich in einem Werk über seinen Einsatz und den seiner vielen tapferen Soldaten zu verwenden.

Die Zeit, dies zu tun, ist heute gekommen, seine Ausarbeitungen mit den Ergänzungen seiner Mitkämpfer und einigen abschließenden Abschnitten aus meinen Fallschirmjäger-Büchern zu einem Ganzen zu verschmelzen. Allein so war die Gewähr gegeben, den Einsatz dieses Verbandes und seines Kommandeurs in der Form auszugestalten, die dem Einsatz und Kampf dieses kleinen Verbandes gerecht wird.

Dass ich darüber hinaus auch auf das Manuskript meines väterlichen Freundes General der Panzertruppe Hasso von Manteuffel über seinen und seiner Division Einsatz in Tunesien, an dem auch die Männer von Hauptmann (Major) Witzig ihren Anteil hatten, zurückgreifen durfte, vervollständigt diesen Afrikaeinsatz im Großraum gegen Tunesien (1943) vortrefflich.

Dass in diesem Werk vor allem die Eroberung des gewaltigen Sperrforts Eben Emael (1940) ihren gebührenden Platz erhält, sei durch die Beifügung des Abschnittes über Peter Arent, der als Anlage eingefügt wurde, dokumentiert. Zu Eben Emael schrieb mir General Oberst a. D. Kurt Student:

„Unter den vielen glänzenden Waffentaten bei Freund und Feind, ist kein Beispiel zu finden, das dem großartigen Erfolg der Sturmabteilung Koch am 10. Mai 1940 gleichgekommen wäre."

Eben Emael – Eine Festung wird erobert

Sturmangriff aus der Luft

Die Männer der Sturmabteilung Koch wurden am Abend des 9. Mai 1940 aus ihren Bereitstellungsräumen zwischen Hilden und Düsseldorf zu den beiden Starthäfen Köln-Ostheim und Köln-Butzweilerhof verlegt. Von diesen Plätzen aus sollten sie getrennt starten und sich erst westlich von Köln zum geschlossenen Verband sammeln, um an allen Zielen gleichzeitig aufzutauchen und so den Überraschungsfaktor voll zu wahren. Der Start von zwei Flughäfen war notwendig geworden, weil es galt, 42 Schleppzüge, bestehend aus jeweils einer Ju 52 und einem Lastensegler DFS 230, so schnell wie möglich in die Luft zu bekommen. Von dem Zeitpunkt ihres Zusammenschlusses an würden sie durch eine vorbereitete Leuchtfeuerstraße genau zum Ziel gelotst werden. Dies war notwendig, da in völliger Finsternis gestartet werden musste.

Noch in der Nacht wurden Waffen und Geräte und vor allem die Sprengmittel von dem dazu abgestellten Personal zu den Seglern geschafft. Für die „Kampfgruppe Granit", die von Köln-Ostheim aus startete, mit dem Ziel, Eben Emael in Besitz zu nehmen, mussten nicht weniger als 2.500 Kilogramm Sprengmittel aller Art, einschließlich der 12,5- und 50 Kilo-Hohlladungen in die elf Segler verpackt werden. Hinzu kamen Handfeuerwaffen, Handgranaten, Nebelbüchsen und Funkgeräte.

Alle übrigen Kampfgruppen, die als Aufgabe erhalten hatten, die Brücken über den Albert-Kanal zu nehmen und zu halten, bis die Wehrmachtseinheiten eintrafen, waren leichter bepackt und hatten demzufolge auch mehr Platz in ihren Seglern. Um 2.45 Uhr bereits waren die Pioniere des Zuges Witzig geweckt worden. Um 3.30 Uhr traten die einzelnen Seglergruppen an. Oberleutnant Witzig verabschiedete sich von jeder einzelnen Gruppe und schärfte ihnen ein, dass sie nur das zu tun brauchten, was sie seit Wochen intensiv gelernt hatten. Wenn sie dies zur Anwendung brachten, war der Sieg sicher.

Dann erscholl der Befehl für alle: „An die Maschinen!"

Die Männer der „Sturmgruppe Granit" gingen hintereinander zu ihren elf Seglern hinüber, vor denen die Ju 52 bereitstanden. Die Halteseile der Segler waren bereits in die Halterung der Schleppmaschinen eingehängt. Als alle Männer mit ihrem Gerät und den Waffen Platz gefunden hatten, ging die Startflagge des Hauptmanns hoch, der den Start zu regeln hatte. In Dreierketten nebeneinander rollten die Ju 52 los. Die Seile strafften sich, und die Segler wurden mitgezogen. Mit donnernden Motoren hoben die Ju 52 ab und zogen die Segler mit in den dunklen Himmel empor.

Als die elf Maschinen aufgeschlossen hatten und mit jenen Flugzeugen zusammentrafen, die in Köln-Butzweilerhof gestartet waren, kam es zu einem bösen Zwischenfall, der die „Kampfgruppe Granit" ihres Führers beraubte. Der Segler des

Trupps 11, in dem Oberleutnant Witzig saß, musste eine scharfe Ausweichbewegung fliegen, um nicht mit einem Segler der anderen Gruppe zu kollidieren. Bei dieser scharfen Ausweichbewegung, die von der Ju 52 nicht mitgeflogen wurde, weil man dort nichts von dieser Kalamität ahnte, riss das Schleppseil des Seglers 11. Der Pilot des Seglers schaffte es, diesen über den Rhein zurückzubringen und auf einer Wiese notzulanden. Oberleutnant Witzig befahl den Männern, alle Hindernisse, die einem Start von hier aus im Wege standen, zu beseitigen und eine Startmöglichkeit für die Schlepp-Ju 52 und den Segler zu schaffen. Er werde ein neues Schleppflugzeug beschaffen.

Ein zweiter Segler der Sturmabteilung Koch, der den Trupp 2 transportierte, ging bei Düren nieder. Die Besatzung rollte mit der deutschen Heeresspitze vor, gelangte ostwärts von Canne über die Grenze und organisierte sich einen Lastwagen, mit dem sie nach Canne durchbrach, wo ihre Kampfgruppe in harten Abwehrkämpfen stand. Sie konnte noch vor der eigenen Infanterie in diese Abwehrkämpfe eingreifen. Neun Schleppzüge aber näherten sich der Werkgruppe Eben Emael. Nachdem die deutsche Grenze passiert war, wurden die deutschen Segler ausgeklinkt und flogen nun ihren Objekten entgegen, die im Morgengrauen schemenhaft zu erkennen waren.

Die Feindflak und schwere MG eröffneten das Feuer von der Werkgruppe aus auf die geisterhaft heranschwebenden Segler. Die Gefechtsstärke in den neun Seglern betrug noch 85 Mann. Dazu kam das Hindernis, dass der Kampfgruppenführer fehlte. Aber Leutnant Delica übernahm sofort die Führung. In Feldwebel „Teddy“ Wenzel fand er einen erfahrenen Helfer. Die einzelnen Trupps landeten dicht hintereinander an genau den angegebenen Stellungen auf dem Werk-Plateau. Hier begann nunmehr ein Kampf, wie er in der gesamten Kriegsgeschichte ohne Beispiel war. Nur etwa 70 deutsche Soldaten (zwei Seglergruppen waren im äußersten Norden an zwei Scheinkuppeln gelandet und fielen zunächst ebenfalls aus) standen im Freien einer Streitmacht von 1.200 belgischen Soldaten gegenüber, die sich in völliger Deckung befanden und alle möglichen Waffen zu ihrer Verteidigung verfügbar hatten.

Jeder der gelandeten Trupps wusste bis ins letzte Detail hinein, was er zu tun hatte. Jeder griff sein Objekt an. Geballte Ladungen krachten auseinander. Die erste der 3-Meter-Panzerkuppeln wurde von einer Hohlladung durchschlagen. Das aus den MG-Ständen dieser Kuppel kommende Feuer verstummte. Eine belgische Flakstellung auf dem Höhenplateau eröffnete das Feuer, um Sekunden später von dem darauf angesetzten Trupp mit MG-Feuer und Handgranaten ausgeschaltet zu werden. Eine geballte Ladung vernichtete die Richtgeräte dieser Waffen.

Sekunden nach der Landung des letzten Seglers war das gesamte Plateau von Waffengetöse erfüllt. Sieben Kampftrupps der Sturmabteilung Koch konnten binnen fünf Minuten ebenso viele Panzerkuppeln außer Gefecht setzen. Neun besetzte Werke wurden in den folgenden Minuten angegriffen und in Besitz genommen. Durch die Grabenstreichen peitschte das Feuer der Verteidiger. Teddy Wenzel wurde hier zum „Kuppelknacker“. Unermüdlich war er im Einsatz, gönnte sich und dem Gegner keine Schonung. Sieben Trupps kämpften mit einem Einsatz, wie er einfach nicht zu beschreiben ist. Die beiden anderen hatten die Scheinanlagen angegriffen und feststellen müssen, dass es hier keinen Gegner gab. Es dauerte Stunden, ehe sie sich zu ihren Kameraden durchschlagen konnten.

Oberjäger Peter Arent, Führer des Stoßtrupps 3, hat diesen Einsatz in seinen persönlichen Erinnerungen festgehalten. Folgen wir seiner Darstellung der Ereignisse, erfahren wir durch ihn, was sein Trupp in dieser Situation zu tun hatte:

„Noch vor dem Einsteigen in den Segler wandte ich mich an meinen Freund Merz und schärfte ihm ein, dass er den Trupp übernehmen müsse, wenn ich ausfallen sollte.

Oberjäger Sapper, ein ganz ausgefuchster Segelflieger, flog unsere Holzkiste. Er pfiff vergnügt vor sich hin. Wir glaubten unseren Ohren nicht trauen zu dürfen. Der flog so, als ginge es um einen Stundenrekord auf der Wasserkuppe, und nicht ins Gefecht. Dabei war er doch ebenso dabei wie wir, denn wieder starten und zurückfliegen, das gab es nicht. Als die schleppende Ju 52 meldete, dass das Zielgebiet erreicht sei, klinkte Sapper unseren Vogel aus, und wir jagten zunächst in weiten, dann enger und enger werdenden Kreisen dem Ziel entgegen, das förmlich zu uns heraufzufliegen schien.

Für einen Sekundenbruchteil sah ich schemenhaft zwei oder drei andere Segler an dem kleinen Ausblick vorbeihuschen. Feuer war überall zu hören, es krachte laut, und einige Splitter klackerten durch die Verspannung, ohne unseren Segler zu gefährden. Die Landung nach dem harten Abfangen war sauber, und Sapper setzte den Vogel etwa 50 Meter von unserem Ziel – der Kasematte 12 – entfernt auf den Boden.

‚Raus und ran!', rief ich. Meine Männer griffen nach Waffen und Sprengmitteln. Wir rannten durch das einsetzende Infanteriefeuer der Belgier, und ich hörte die keuchenden Atemzüge meiner Männer. Hinter mir spurtete Merz, er trug eine 12,5-Kilo-Ladung.

Dann hatten wir jene Panzerkuppel erreicht, die unser Ziel war. Merz setzte die Hohlladung an, und ich zündete sie. Zehn Sekunden waren nun Zeit, in Deckung zu springen, bevor die Ladung auseinanderkrachte. Wir warfen uns in eine Mulde. Die Sekunden vertickten, und dann grollte eine harte Detonation durch das hektische Geklacker der Gewehre und die schnatternden Feuerstöße der MG. Die Panzerkuppel war durchschlagen, das hier stehende 7,5 cm-Geschütz unbrauchbar geworden. Wir hatten den ersten Teil unseres Auftrages erfüllt."

Fast gleichzeitig mit dem Trupp 3 war auch der Trupp 1 unter Feldwebel Nabert dicht beim Ziel niedergegangen. In diesem Segler befand sich auch Leutnant Delica. Im Hinausspringen sah Delica, dass sie dicht bei der Kasematte 18, dem erklärten Ziel, gelandet waren. Durch das flackernde Feuer, das aus dem Werk 11 gegen sie anbrandete, rannte er, gefolgt von den Männern, auf die Kasematte 18 zu. Die 12,5-Kilo-Ladung konnte die schwere Kuppel jedoch nicht durchschlagen. Aber durch den starken Luftdruck wurde ein Teil der Kasemattenbesatzung getötet oder verwundet. Eine der MG-Scharten war ebenfalls weggesprengt worden. Durch eine Lücke drang der Trupp 1 in diese Kasematte ein. Er setzte sich darin fest. Leutnant

Delica befahl dem Funker, einen FT-Spruch an Hauptmann Koch abzusetzen. Es war genau 5.42 Uhr, als dieser Funkspruch getastet wurde:

„Von Sturmgruppe Granit an Sturmabteilung Koch: Objekt erreicht, alles in Ordnung."

Das war zwar beruhigend für den Führer der Sturmabteilung, entsprach aber nicht den Tatsachen, denn hier auf dem Hochplateau von Eben Emael musste in den nächsten Stunden erbittert gekämpft werden.

Im ersten Ansprung war auch das Werk 23 mit der Grabenstreiche gefallen, durch welche der Graben zum Werk 30 nicht nur mit MG, sondern auch mit der 6 cm-Pak und der 7,5 cm-Kanone beschossen werden konnte. Auch in Richtung auf Werk 24 konnte die 7,5 cm-Zwillingskanone ihr Feuer richten, da die Querverbindung von Werk 23 zum Werk 24 schnurgerade verlief.

Das Werk 30 – das war allen klar – musste so schnell wie möglich zum Schweigen gebracht werden. Es war der Trupp 5, der die MG-Kuppel dieses starken Werkes knackte. Inzwischen hatte das schon erwähnte Werk 23, das nur leicht beschädigt worden war, das Feuer wieder aufgenommen. Es musste außer Gefecht gesetzt werden.

Leutnant Delica ließ Feldwebel Nabert mit seinem Trupp dagegen antreten. Vor dem dichten Abwehrfeuer, das erneut aus dem Werk herauspeitschte, musste der Trupp zunächst in Deckung gehen. Der Angriff war damit vom Gegner abgewiesen worden. Ebenso wurde ein zweiter Angriff kurze Zeit später von den Belgiern abgeschlagen.

Inzwischen hatten die Fallschirmjäger ihre ersten Toten und Verwundeten zu beklagen. Der Trupp 8, der zwischen dem Werk 31 und der 120 Meter weiter westlich liegenden Anlage 25 landete, wurde aus einem niedrigen Schuppen – der Stellung 25 – von zwei MG beschossen. Hier befand sich auch einer der versenkbaren 7,5 cm-Zwillingstürme, die es außer Gefecht zu setzen galt. Zwei Männer dieses Trupps fielen im Vorstürmen, zwei weitere wurden leicht verwundet.

Dort, wo die vier Flakstände das Feuer eröffnet hatten, griff Trupp 5 an. Zwei Männer schleppten jeweils eine Hälfte der 50-Kilogramm-Hohlladung. Sie setzten sie zusammen, brachten sie an und zündeten.

Zehn Sekunden darauf brandete eine gewaltige Detonation durch das Kampfgetöse auf dem Plateau. Die große 5 m-Kuppel war vernichtet. Das aus verschiedenen Werken hinauspeitschende Feuer ließ die Fallschirmjäger in Deckung gehen. Die vier MG-Stände des Werkes 29 wurden drei Minuten später flankierend angegriffen und gesprengt. Damit war dieses Werk ausgeschaltet. Aus den MG-Ständen neben den beiden 12 cm-Zwillingstürmen, den schwersten Waffen der Werkgruppe, peitschten ebenfalls MG-Salven, mit denen der Gegner verhindern wollte, dass diese Geschütze außer Gefecht gesetzt wurden. Die belgische Führung war sicher, dass dieser Angriff nur der Auftakt sein würde und dass sie bald auch mit Angreifern zu rechnen hatte, die frontal über den Albertkanal hinweg angriffen. Die inzwischen erfolgten Lastensegler-Landungen an den Brücken hatten dies ebenfalls signalisiert.

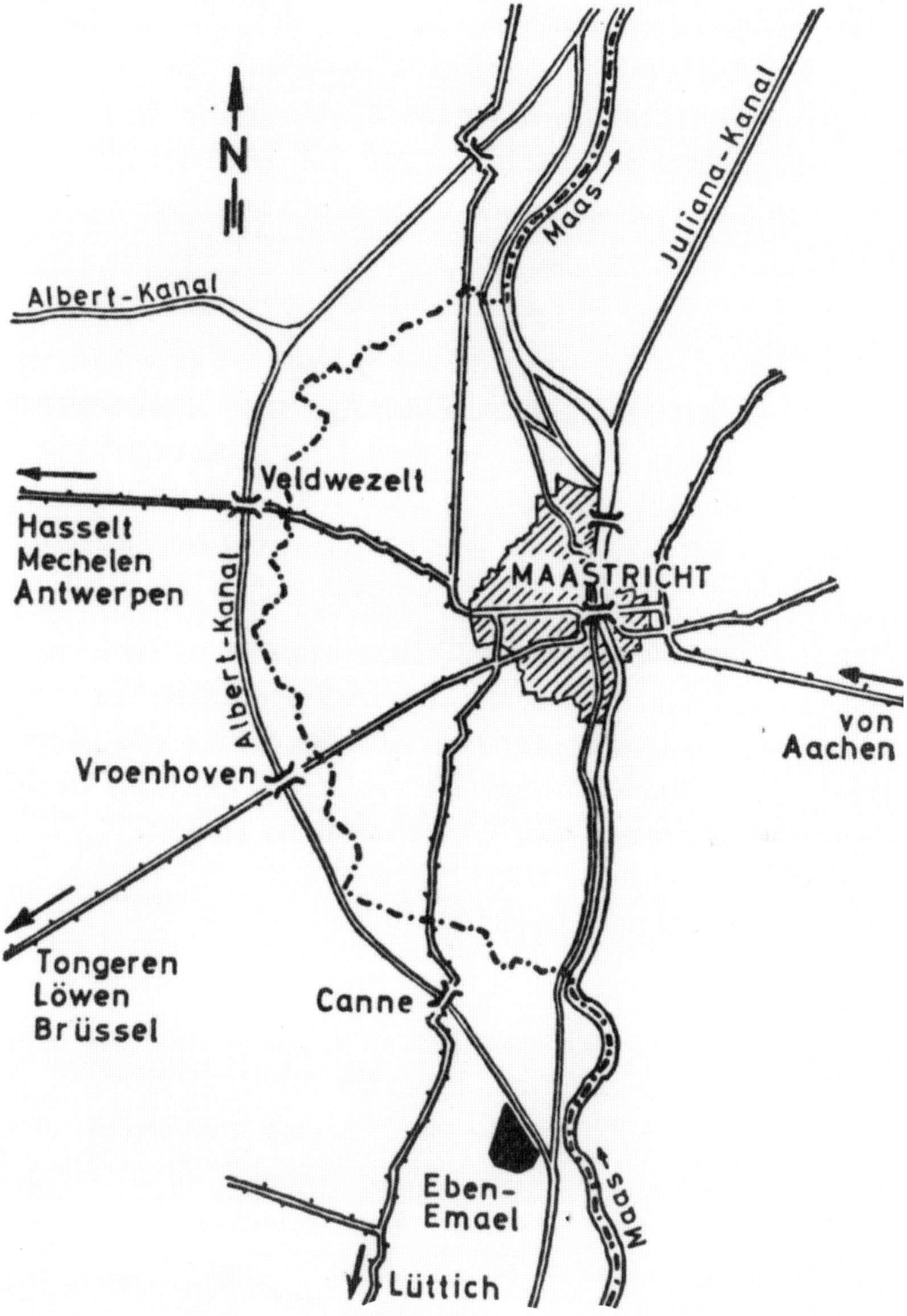

Karte von Belgien (Mai 1940) mit dem Fort Eben Emael und den wichtigsten Brücken über den Albert-Kanal um Maastricht herum.

Die wichtigen Brücken über den Albert-Kanal waren Ziel der Fallschirmjäger.
Hier die Brücke von Vroenhoven.

Über die Brücke von Veldwezelt führt die Straße nach Antwerpen,
dem strategisch wichtigen Kanalhafen.

Gelandete Ju 52 auf dem umkämpften Flugplatz Rotterdam. Die Transporteinheiten mussten in dieser Schlacht schwere Verluste hinnehmen.

Als Ausweichlandebahnen wurden auch die gut ausgebauten holländischen Straßen benutzt. So manche Ju 52 ging dabei dennoch zu Bruch.

Oberst Bruno Bräuer, Kommandeur des Fallschirmjägerregiments 1 bei Moerdijk.
Vorne sitzend Graf von der Schulenburg, liegend Hauptmann Rau.

Oberst Bruno Bräuer mit seinen Offizieren,
die von einer deutschen Panzereinheit erreicht und entsetzt wurden.

Mit Lastenseglern von Typ DFS 230 wurden die Fallschirmjäger auf das Dach des dreieckig geformten Festungsgeländes Eben Emael gebracht. Von dort aus kämpften sie das Fort nieder.

Dieses Unternehmen wurde monatelang vorbereitet und streng geheimgehalten. Fallschirmjäger mit Lastenseglern punktgenau abzusetzen, wurde in Eben Emael zum ersten Mal in der Kriegsgeschichte praktiziert.

Die gängige Art Fallschirmjäger mit Fallschirmen abzusetzen, konnte bei einer so kleinen Zielfläche wie dem Dach der Festung Eben Emael nicht riskiert werden. Zu groß war die Gefahr des Abtreibens.

Der Lastensegler DFS 230 war zur Aufnahme von 9 voll bewaffneten Fallschirmjägern ausgelegt, die von einem Piloten gesteuert dem Ziel zuschwebten.

Bilder vom Training der Fallschirmjäger zeigen, wie der Handstreich durchgeführt werden sollte. Nach der Landung verlassen der Pilot und ein Bordschütze den Segler. Dies war ein gefährlicher Moment der rasch vorüber sein musste.

Gleichzeitig springen aus der seitlichen Öffnung die acht anderen Fallschirmjäger heraus und sind sofort kampfbereit.

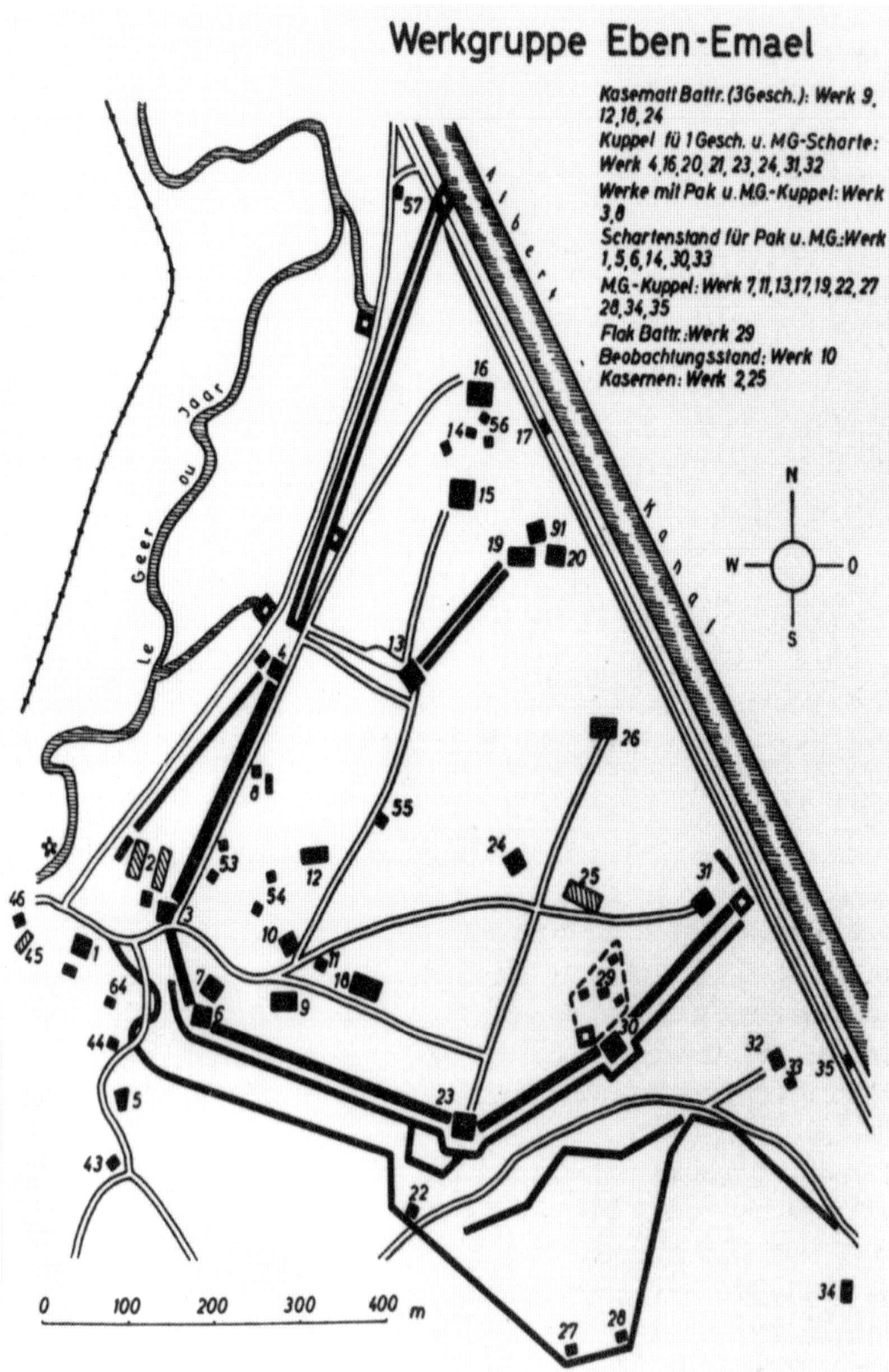

Dies war das Ziel der monatelangen Vorbereitungen:
Fort Eben Emael!

Während der Kämpfe wurden von Aufklärungsflugzeugen laufend Luftbilder gemacht. Hier hat ein Unterstützungsangriff auf das Dorf Eben Emael, wo weitere belgische Truppen stationiert waren, einen Brand verursacht.

Der „Albert-Kanal“ benannt nach
König Albert von Belgien.

Am Ufer des Kanals ragt die Felswand der Festung Eben Emael
steil nach oben.

Der schwer umkämpfte Eingangsbereich des Forts Eben Emael nach Abschluss der Kämpfe. Das Fort ist heute ein Museum, das besichtigt werden kann.

Der Block 1 am Eingangsbereich der Festung zeigt auch Spuren von Einschüssen.

Hier die große Geschützkuppel
mit zwei 12 cm-Geschützen.

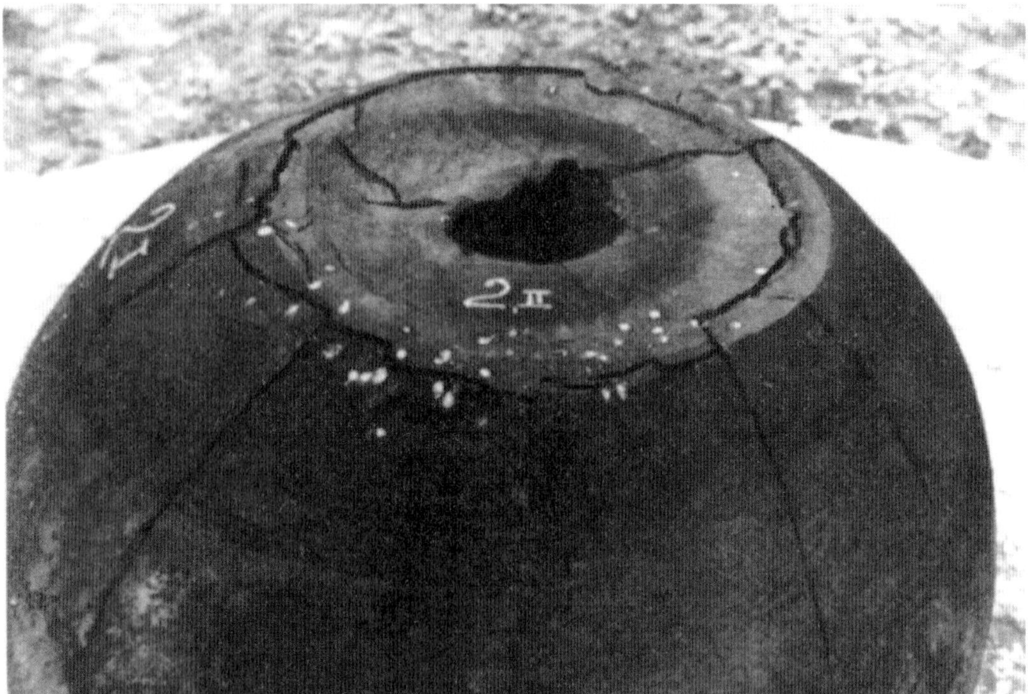

Neuartige Hohlladungen vermochten selbst stärkste Panzerungen zu durchschlagen, sodass die 1.200 Mann starke Besatzung gegenüber einer Handvoll Fallschirmjäger kapitulieren musste. Hier eine durchschlagene kleine MG-Kuppel von oben.

Die Pioniergruppe Arent nach dem Fall von Eben Emael.
Arent ist der dritte von rechts.

Fallschirmjäger der Pioniergruppe Witzig gönnen sich
nach dem harten Kampf eine Verschnaufpause.

Kasematte für drei 7,5cm-Geschütze (zwei Öffnungen sind zu sehen), die hier bereits entfernt sind. Diese bestrichen mit ihrem Feuer die Oberseite des Forts.

Ein Soldat betrachtet die verheerende Wirkung einer Sprengladung an einem Bunker des Forts Eben Emael.

Hier hat es Teile der oberen Decke heruntergerissen
und dabei wurde die Öffnung fast verschlossen.

Auch die Flak war an der Niederkämpfung von Eben Emael beteiligt.
Die Außenbunker wurden durch gezielten Flakbeschuss zerstört.

Doch auch die Belgier konnten zurückschießen. Hier wurde eine 8,8 cm-Flak durch einen Nahtreffer und dessen Splitterwirkung zerstört.

Ein überlebender der Flakbedienung an seiner nun unbrauchbaren Flak.

Oberleutnant Witzig kommt

Inzwischen war es Oberleutnant Witzig gelungen, eine Schlepp-Ju 52 zu erhalten und diese nach dem Notlandeplatz seines Seglers zu dirigieren. Als die Maschine dort eintraf, hatte der Trupp 11 bereits alle Vorkehrungen zu einem neuen Start getroffen. Die Ju 52 schwebte in der durch Leuchtsignale angegebenen Richtung ein, setzte auf und rollte ungefährdet aus.

Witzig dirigierte die Maschine in die vorgesehene Startposition. Einige Fallschirmjäger hängten das Schleppseil ein. Dann hieß es ein zweites Mal an diesem Morgen: „An die Maschine!"

Die Fallschirmjäger zwängten sich in ihren Segler. Die Ju 52 rollte an, wurde schneller und schneller, erreichte Abhebgeschwindigkeit und löste sich vom Boden. Sie zog in gutem Abstand über die Weidenbüsche am Ende der Wiese hinweg in den Himmel, und leicht und scheinbar schwerelos folgte der Segler nach. Sie gewannen an Höhe, flogen dem Ziel entgegen, von dem sie noch immer nicht wussten, wie es dort gelaufen war.

Schon von weitem sahen die Männer in der Ju 52, dass auf dem Plateau gekämpft wurde. Auch der Lastensegler-Pilot meldete Kämpfe, als die Festung in seinen Blickwinkel kam. Belgische Flak eröffnete auf den einzeln einschwebenden Segler, der von der Ju 52 entlassen worden war, das Feuer. Steil stieß der Lastensegler hinunter, drehte seine enger werdenden Spiralen, die das Ziel förmlich einkreisten, durchbrach die Barriere des Feindfeuers, und als der Pilot den richtigen Landepunkt erkannt hatte, setzte er den Segler auf. Er rutschte ein paar Meter, ehe die mit Stacheldraht umwickelten Kufen griffen.

Als erster sprang Oberleutnant Witzig hinaus. Die Männer folgten ihm so schnell wie möglich. MG-Feuer peitschte ihnen entgegen und zwang sie sofort wieder in Deckung. Der Blick auf die Uhr zeigte Witzig, dass es 8.30 Uhr war. Aus dem nahen Zuggefechtsstand, in dem Leutnant Delica die Meldungen der einzelnen Gruppen entgegengenommen hatte, eilte der Leutnant herbei und warf sich neben dem Zugführer in Deckung. „Ich freue mich, dass Sie hier sind, Herr Oberleutnant", stieß Delica hervor.

„Und ich erst", meinte Witzig trocken. „Wie sieht es aus?", fuhr er fort.

„Die Außenanlagen sind befehlsgemäß genommen. Die beiden großen Werke an der Nordspitze haben sich als Scheinanlagen entpuppt. Lediglich das Werk 19 dort war besetzt.

Wir haben die Werke 10, 12, 13, 18, 19, 23, 24, 26, 30 und 31 in Besitz genommen, beziehungsweise ausgeräuchert. Die Flak-MG-Stellung 29 wurde im Handstreich genommen und besetzt. Sieben Panzerkuppeln, zwei Scheinkuppeln und neun 7,5 cm-Geschütze in den Kasematten sind gesprengt worden. Drei weitere 7,5 cm-Geschütze und zwei 12 cm-Geschütze in Kuppeln konnten ebenfalls zum Schweigen gebracht werden." „Danke, Delica", sagte Witzig erleichtert, ehe er sich dem neben ihm liegenden Funker zuwandte, der sein Gerät betriebsbereit gemacht hatte.

„Funkspruch an Sturmabteilung Koch: ‚Eben Emael – Feind wird weiter zurückgeschlagen. Höhen werden besetzt. Witzig.'"

Als Oberleutnant Witzig wenig später den Funkkontakt zur Gruppe Arent aufgenommen hatte, meldete ihm Arent:

„Kasematte 12 befehlsgemäß genommen. Wir werden aus westlicher Richtung, vermutlich von den Werken 3 und 7, beschossen. Erhalten wahrscheinlich auch Feuer aus dem Werk 6, Herr Oberleutnant."

„Was ist mit dem Beobachtungsstand 10?", fragte der Zugführer.

„Kein Feuer von dort, Herr Oberleutnant", meldete Arent knapp.

„Stoßen Sie mit zwei Mann auf den Beobachtungsstand 10 vor und setzen sie auch ihn durch Sprengung außer Gefecht. Nach Durchführung dieses Auftrages führen Sie einen Spähtrupp zur Erkundung der feindlichen Stellungen am Westhang in Richtung auf Werk 5 durch. Vorsicht vor den MG-Ständen und der dort stehenden Pak", schärfte Witzig dem Kameraden ein.

Arent verließ mit zwei seiner Männer die Kasematte, während Obergefreiter Merz für ihn vertretungsweise den übrigen Trupp führte, der sichernd zurückbleiben sollte. In tiefgebückter Haltung liefen sie nach Südwesten. Die Distanz zum Werk 10 betrug schätzungsweise 120 Meter. Einige Buschgruppen gaben ihnen zwischen den kurzen Sprüngen vorwärts Deckung und die Möglichkeit, zu verschnaufen. Als sie Feuer erhielten, hatten sie gut die Hälfte der Distanz zurückgelegt. Sie gingen abermals in Deckung und arbeiteten sich von hier aus robbend, dicht an den Boden gepresst, weiter vor. In einer Mulde, etwa 30 Meter vor dem Ziel, blieben sie noch einmal liegen. Vom Werk 10 direkt hatten sie offenbar nichts zu befürchten, denn von dort wurden sie nicht beschossen. Wohl aber aus einem Graben halbrechts davon.

„Wir müssen den Graben dort nehmen, dann sind wir vor diesen Schützen sicher", meinte Peter Arent und deutete nach links. Sie rannten gleichzeitig, waren mit zwei langen Sätzen am Graben und sprangen hinein. Von hier aus bis zum Werk 10 kamen sie unangefochten weiter.

Arent stellte bei Erreichen der Anlage fest, dass es sich – wie vermutet worden war – um einen Ausstiegsschacht mit einer Beobachtungsmöglichkeit handelte. Das Fernrohr, das hier auf einem drehbaren Untersatz stehen musste, war abgebaut.

Sie warfen zwei gezündete Dreikiloladungen hinein, und als sie nach diesem doppelten Detonationsschlag zurückgingen, sahen sie, dass der Schacht zur Hälfte eingestürzt war. Von dort unten konnte niemand mehr hinaufgelangen, das war sicher. Sie kehrten in die Sicherheit der Kasematte 12 zurück und wurden mit sichtbarer Erleichterung von den Kameraden begrüßt. Arent meldete dem Zugführer die Durchführung dieses Auftrages.

Im weiteren Versuch, sich des Werkes 5 zu bemächtigen, erlitt der Trupp Arent Verluste. Sie mussten sich bis zum Ausstiegsschacht 10 zurückziehen und in dem dortigen Graben Deckung suchen. Drei Männer der Gruppe Arent waren im Pak- und

MG-Feuer des Gegners gefallen. Gegenangriffe der Belgier wurden bereits im Ansatz unterbunden. Noch immer hielten sich einige Werke. Das vorher bereits von Arent ausgeschaltete Werk 4 war offensichtlich wieder einsatzbereit gemacht worden, denn es eröffnete kurz vor Mittag das Feuer.

Die Belgier schossen noch aus mehreren Maschinenwaffen aus der Grabenscharte des Werkes 30 an der Südostseite der Werkgruppe. Zwar war die MG-Kuppel dieses Werkes vom Trupp 5 gesprengt worden, aber der Gegner hatte hier die beiden anderen MG eingesetzt, die ihm an dieser Stelle noch zur Verfügung standen.

Dann eröffnete auch die Pak aus Werk 23 wieder das Feuer.

Oberleutnant Witzig eilte von einer Gruppe zur anderen. Wo er auftauchte, dort verbreitete sich Zuversicht und Vertrauen. Wohl hatte Witzig in den Nachmittagsstunden dieses Tages erwogen, mit dem Rest seiner Männer auszubrechen und sich zum nahen Brückenkopf der Kameraden bei Canne durchzuschlagen, aber er musste befürchten, dass der Gegner dann die gesamte Werkgruppe wieder einsatzbereit machen könnte. Er entschloss sich zum Ausharren. Wenn allerdings die Belgier zum befürchteten Gegenstoß antraten, dann war ihre Lage aussichtslos.

In der beginnenden Nacht legte die belgische Führung starkes Artilleriefeuer auf die Höhe des Festungswerkes, wie dies vom Festungskommandanten angefordert worden war. Aber der erwartete Angriff blieb aus. Die ganze Nacht über lagen die Fallschirmjäger mit wenigen Ausnahmen, die für kurze Zeit ruhen konnten auf der Lauer. Als dann der Morgen graute und der Feindangriff noch immer nicht erfolgt war, atmete Oberleutnant Witzig auf. Jetzt war die größte Gefahr gebannt. Es konnte nur noch Stunden dauern, bis die Kameraden vom Heer hier eintrafen.

Es war genau 7.00 Uhr des 11. Mai 1940 als die ersten Stoßtrupps des Pionierbataillons 51 der 61. Infanteriedivision sich dem Fort näherten. Der erste Infanterist, den Oberleutnant Witzig zu Gesicht bekam, war der Stoßtruppführer Oberfeldwebel Portsteffen, der sich im Alleingang durch die Linien gekämpft hatte und die erste Verbindung zu den Fallschirmjägern aufnahm. Gegen 12.00 Uhr erreichten weitere Pionierstoßtrupps die Werkgruppe, von der kein Feuer mehr auf die Angreifer niederpaukte. Kurz darauf erreichte die 6./Infanterieregiment 151, aus der Ortschaft Opcanne vorstoßend, gewissermaßen die Hintertür der Festung. Es kam hier noch einmal zu einem erbitterten Gefecht, in das auch die Stukas eingriffen, die am Vortage einen kleineren Feindverband zusammengebombt hatten, der als einziger Entsatz nach Eben Emael unterwegs gewesen war. Es war das belgische Grenadierregiment 2, das in die Hölle der Stuka-Angriffe geraten war.

Plötzlich erscholl aus der Werkgruppe Eben Emael ein Trompetensignal. Aus dem Werk 3, das mit einigen wenigen übrigen Werken noch feuerte, wurde eine weiße Fahne gehisst, und gleichzeitig damit stellten auch die noch schießenden Werke 17, 23 und 35 das Feuer ein.

Ein Parlamentär erschien beim Hauptmann Hauboldt, dem Chef der 14. (schweren) Kompanie des Infanterieregiments 151, und bot diesem die Kapitulation der gesamten Werkgruppe an. Kurz darauf verließen die ersten belgischen Soldaten die

Kasematten. Alles in allem strömten über 1.000 Soldaten aus dem Festungswerk ins Freie. Oberstleutnant Jottrand, der Kommandant von Eben Emael, versicherte Oberstleutnant Mikosch, Kommandeur des Infanterieregiment 151, auf Ehrenwort, dass in der gesamten Werkanlage keine Sprengmittel angeschlagen worden seien.

Es war 16.00 Uhr, als die „Sturmgruppe Granit" der Sturmabteilung Koch Eben Emael verließ und auf Lastwagen nach Maastricht zurückfuhr. Von den insgesamt 85 eingesetzten Fallschirmjägern waren sechs gefallen. 20 wurden zum Teil schwer verwundet.

In seinem Abschlussbericht erklärte Rudolf Witzig – wie alle anderen Offiziere zu einem höheren Dienstrang befördert und nunmehr Hauptmann – die Hauptgründe für die rasche Übergabe der Werkgruppe Eben Emael. Auch Reichsmarschall Göring musste er diesen Bericht geben. Er nannte unter anderem die moralische Erschütterung der Festungsbesatzung, die Lähmung der Werkgruppe durch den Verlust der Masse der Einzelwerke und das Versagen jeglicher Hilfeleistung von außen. Nach dem Kriege erklärte Generaloberst a. D. Kurt Student dem Autor bei dessen Besuchen:

„Eben Emael war in der Tat ein Einsatz von einzigartiger Kühnheit und entscheidender Bedeutung. Eine Handvoll vorausgeschickter Fallschirmjäger erzwang mit starker Unterstützung der Luftwaffe den Durchbruch für die Armee.

Ich habe die Geschichte des Zweiten Weltkrieges studiert, und das an allen Fronten. Unter den vielen glänzenden Waffentaten bei Freund und Feind habe ich kein Beispiel finden können, das dem großartigen Erfolg der ‚Sturmabteilung Koch' am 10. Mai 1940 gleichgekommen wäre."

Rudolf Witzig – wie alles begann

Rudolf Witzig wurde am 14. August 1916 in Röhlinghausen/Kreis Wanne-Eickel in Westfalen geboren. Gerade 11 Jahre alt verzog Rudolf Witzig mit seinen Eltern nach Kiel, wo er seine Schulausbildung mit dem Abitur abschloss. Am 1. April 1935 trat Rudolf Witzig als Offiziersanwärter in das Pionierbataillon 16 in Höxter ein und wurde hier 1937 zum Leutnant befördert.

Im August 1938 wechselte er zum Fallschirminfanteriebataillon und übernahm in dieser Einheit den Pionierzug. Nach Beendigung seiner Fallschirmsprun gausbildung, die er in Stendal absolvierte, wurde das Fallschirminfanteriebataillo n, zudem er mit seinem Pionierzug gehörte, noch vor Beginn des Krieges in das Fallschirmjägerregiment 1 eingegliedert. Mit diesem Verband zog Rudolf Witzig in den Polenfeldzug und nahm an den Gefechten von Wola-Gulowska teil. Zurück in der Heimat, wurde Witzig mit seinem Pionierzug zur „Sturmabteilung Koch" kommandiert, einer im Sprung- und Seglereinsatz voll ausgebildeten Elite-Einheit der Fallschirmjägerwaffe und hatte mit dieser Einheit seine größte Bewährungsprobe zu bestehen. Unter dem Decknamen „Sturmgruppe Granit" hatte er als Kommandant dieser Gruppe von Fallschirmpionieren, die Aufgabe erhalten, im Zuge des beginnenden Westfeldzuges, das mit 1.200 belgischen Soldaten besetzte Sperrfort Eben Emael in Belgien im Handstreich zu nehmen, die Festungsartillerie auszuschalten, um dadurch den Vorstoß der deutschen Truppen über den Albertkanal zu ermöglichen, der durch dieses Sperrfort bedroht war, und die Stellungen bis zum Entsatz durch deutsche Truppen zu halten. Wegen seiner schweren Armierung, der modernen, durch Betonkasematten und Panzerkuppeln geschützten Festungsartillerie und die strategisch wichtige Lage an einem Steilhang über dem Albert-Kanal, den die deutschen Truppen bei ihrem Vormarsch zu überqueren hatten, war die Ausschaltung dieser Festung ein wichtiges Ziel, dem höchste Priorität eingeräumt wurde. Auf Grund ihrer Lager und Bauweise, galt diese Festung als uneinnehmbar. Unter strengster Geheimhaltung war die Kampfgruppe bei härtestem Training auf diese Aufgabe vorbereitet worden.

Jede Gruppe, jeder einzelne Fallschirmjäger, hatte einen genau umrissenen Auftrag erhalten, den er zu erfüllen hatte und nur die perfekte Koordination aller Angriffsoperationen konnte gewährleisten, dass dieser Handstreich auch glücklich verlief. Im Morgengrauen des 10. Mai 1940 gelang es 55 Fallschirmpionieren mit Lastenseglern auf dem Plateau des Forts zu landen und es gelang ihnen, wie im vorherigen Kapitel beschrieben, die Festung lahmzulegen und nach Eintreffen der ersten Entsatztruppen, die Festungsbesatzung gefangenzunehmen.

Für dieses einmalige Husarenstück wurde Oberleutnant Rudolf Witzig noch am 10. Mai 1940 mit dem Ritterkreuz ausgezeichnet und wenig später zum Hauptmann befördert. In 2 Sondermeldungen des Wehrmachtsberichts am 10. und 11. Mai 1940 wurde Rudolf Witzig für seine und die Heldentaten seiner Männer geehrt.

Der Angriff auf Kreta

Im August 1940 übernahm Hauptmann Rudolf Witzig als Kompaniechef die 9. Kompanie des III. Bataillons des Fallschirmjäger-Sturmregiments, mit dem es in den Kreta-Einsatz ging. Am 19. Mai 1941 waren deutscherseits alle Vorbereitungen für den Angriff auf Kreta abgeschlossen. Führer und Truppe waren in ihre Aufgaben sorgfältig eingewiesen und standen einsatzfreudig auf den Flugplätzen bereit. Das Generalkommando rechnete mit einem schnellen durchschlagenden Erfolg. Mit dem VIII. Fliegerkorps war die Unterstützung des Angriffs nach einem detaillierten Zeitplan bis in alle Einzelheiten genau festgelegt worden. Jäger-, Zerstörer- und Sturzkampfverbände warteten auf das Signal zum Angriff.

Da der vorhandene Lufttransportraum für einen gleichzeitigen Ansatz aller drei Einsatzgruppen (von denen die Gruppe Mitte zwei Aufträge erhielt) nicht ausreichte – das Oberkommando der Luftwaffe hatte sich für den Angriff und die Eroberung der Insel durch Inbesitznahme vier der wichtigsten Punkte Malemes und Chania im Westen und Rethymnon und Heraklion im Osten entschieden – musste der geplante Angriff in zwei Wellen durchgeführt werden. Während die 1. Welle in den frühen Morgenstunden des 20. Mai gegen den Flugplatz Malemes, Chania und die Suda-Bucht gerichtet war, sollten in der zweiten Welle (geplanter Abmarsch um 13.00 Uhr mit den zurückgekehrten Transportmaschinen der ersten Welle) die Flugplätze Rethymnon und Heraklion angegriffen und in Besitz genommen werden.

Die Einsätze setzten sich wie folgt zusammen:

1. Welle:
Das Fallschirmjäger-Sturmregiment (Generalmajor Eugen Meindl) mit dem
I. Bataillon Major Koch – Landung mit Lastenseglern gegen Flakstellungen bei Chania, Suda-Bucht und Flugplatz Malemes. Inbesitznahme der Höhe 107 nahe Flugplatz Malemes
II. Bataillon Major Scherber – Sprungeinsatz ostwärts Flugplatz Malemes
III. Bataillon – Sprungeinsatz ostwärts Flugplatz Malemes mit der 9. Kompanie (Hauptmann Rudolf Witzig), 10. Kompanie (Oberleutnant Schulte-Sasse), 11. Kompanie (Oberleutnant Jung) und 12. Kompanie (Oberleutnant Gansewig)
IV. Bataillon (Hauptmann Gericke) – Sprungeinsatz westlich der Straßenbrücke über den Tavronitis
Das Fallschirmjäger-Regiment 3 (Oberst Heidrich)
I. Bataillon (Hauptmann Freiherr von der Heydte) – Sprungeinsatz auf der Ebene am Zuchthaus Agya. Raum Straße Chania-Suda.
II. Bataillon (Major Derpa) – Sprungeinsatz ostwärts des Zuchthauses Agya. Wegnahme der Höhen von Galatas
III. Bataillon (Major Heilmann) – Sprungeinsatz als Vorhut des Regimentes im Raume Galatas – Daratsos – Straße Alikianou – Chania
Fallschirm-Pionierbataillon 1 (Major Liebach) ohne die 3. Kompanie – Sprungeinsatz nördlich Raum Alikianou
2. Welle:
Das Fallschirmjägerregiment 2 (Oberst Sturm) mit dem
I. verstärkten Bataillon (Major Kroh) – Sprungeinsatz Flugplatz Rethymnon
III. verstärktes Bataillon (Hauptmann Wiedemann) – Sprungeinsatz zwischen Flugplatz und Stadt Rethymnon
Das Fallschirmregiment 1 (Oberst Bräuer) mit
I. Bataillon (Major Walther) – Sprungeinsatz bei Gournes, ostwärts Stadt und Flugplatz Heraklion
II. Bataillon (Hauptmann Burckhardt) – Sprungeinsatz ostwärts Stadt Heraklion
III. Bataillon (Major Schulz) – Sprungeinsatz Stadt Heraklion
II. Bataillon/Fallschirmjägerregiment 2 (Major Schirmer) – Sprungeinsatz Heraklion, als Eingreifreserve

Als weitere Einheiten standen die Gebirgsjäger der 5. Gebirgsdivision (Generalmajor Ringel) und weitere Fallschirmjägereinheiten zur Verfügung, die im Lufttransport oder auf kleinen Schiffseinheiten mit schweren Waffen nach Kreta in Marsch gesetzt wurden.

Alles war bereit. Der Auftakt zur ersten Invasion einer Insel aus der Luft konnte beginnen.

Das Fallschirmjäger-Sturmregiment im Kampf um Kreta

Das Fallschirmjäger-Sturmregiment unter Generalmajor Eugen Meindl, dem Hauptmann Rudolf Witzig als Kompanieführer der 9. Kompanie des III. Bataillons angehörte, erhielt den Auftrag, den Nordwestteil der Insel Kreta in Besitz zu nehmen. Insbesondere sollte der Flugplatz Malemes genommen und für die Landung nachfolgender Luftlandetruppen der 5. Gebirgsdivision offengehalten werden. Nach Erfüllung dieser Aufgabe sollte mit der Gruppe Mitte im Raume Chania Verbindung aufgenommen werden.

Zur Erfüllung dieses Auftrages wurde das Fallschirmjäger-Sturmregiment verstärkt durch:

3./FlakMG-Bataillon (5 Geschütze 2 cm; Führer Oberleutnant Theuerling)

1 Batterie Fallschirmartillerieabteilung 7 (Führer Hauptmann Schram).

1 Zug Sanitätsabteilung 7 (Oberarzt Dr. Dietzel)

Für den Nachmittag des ersten Tages sollten dem Regiment zwei Bataillone des Gebirgsjägerregimentes 100 durch Schiffstransport, und zur Sicherung des Flugplatzes eine Flakabteilung – ebenfalls im Schiffstransport – zugeführt werden. Die 1. und 2. Kompanie des Fallschirmjäger-Sturmregimentes wurden mit Sonderauftrag an die „Gruppe Mitte“ abgegeben. In seinem Einsatzbefehl legte Generalmajor Meindl den Einsatz der „Gruppe West“ wie folgt fest:

I. Bataillon (Stab, 3. und 4. Kompanie mit jeweils 108 Mann) – Einfall mit Lastensegler um Y-Uhr gegen Flakstellung hart südlich des Flugplatzes; Wegnahme der Stellungen und Lager; weiterer Angriff gegen den Flugplatz und Freikämpfen desselben.

III. Bataillon (verstärkt durch 1/3 14. Kompanie und 1/2 3. FlakMG-Bataillon) – Sprungeinsatz um Y-Uhr plus 15 Minuten mit einer Kompanie (9. Kompanie Hauptmann Witzig) hart ostwärts des Flugplatzes zwischen Dorf Malemes und Kirchhof am Ostrand des Flugplatzes mit dem Auftrag das I. Bataillons im Kampf um den Flugplatz von Osten her zu unterstützen.

Das III. Bataillon sollte mit der Masse seiner Soldaten nördlich und ostwärts Malemes abgesetzt werden mit dem Auftrag, Malemes zu säubern und die Absicherung des Kampfgebietes um den Flugplatz am Flussbett ostwärts Malemes nach Osten zu übernehmen. Späterer Auftrag: Auf Befehl des Regimentskommandeurs weiterer

Vorstoß nach Osten zur Verbindungsaufnahme mit Gruppe Mitte. Kampfgruppe des Regimentsstabes mit Teilen des III. Bataillon unter Führung von Major Braun, mit Oberleutnant Schächter und Oberleutnant Trebes: Einfallen mit 9 Lastensegler um Y-Uhr plus 15 Minuten an der großen Brücke hart westlich des Flugplatzes mit dem Auftrag:

Besitznahme der Brücke über den Tavronitis, Verhinderung der Sprengung und Unterstützung des I. Bataillons im Angriff gegen die Flakstellung hart westlich des Flugplatzes. Regimentsstab und IV. Bataillon (ohne 2/3 14. und 16. Kompanie) verstärkt durch Sanitätszug und 1/2 3./Fla.MG-Bataillon. Sprung im Raum westlich der Brücke um Y-Uhr plus 15 Minuten. Regimentsgefechtsstand im Nordzipfel des Olivenhaines. Angriff des IV. Bataillons zur Unterstützung des I. Bataillons und der Gruppe Braun gegen den Westrand des Flugplatzes. 16. Kompanie (Oblt. Hoefeldt). Abspringen im Flußbett, 600 m südwestlich des Flugplatzes, mit Auftrag:

Unterstützung des I. Bataillons im Angriff gegen die Zeltlager; nach Erfüllung dieses Auftrages Sicherung an der Straße nach Süden, gegen Feind aus Richtung Kandanos.

II. Bataillon (verstärkt durch 1/3 Kompanie)

Absprung um Y-Uhr plus 5 Minuten auf den Höhen ostwärts Spilia mit dem Auftrag:

Sicherung nach Westen und Sicherung der Straße nach Süden. Bereithalten als Regimentsreserve zur eventuellen Unterstützung des Angriffes gegen den Flugplatz. Bei Inbesitznahme des Flugplatzes und Feindfreiheit der Gegend um Kastelli weiterer Vormarsch nach Osten gegen Chania.

Ein verstärkter Zug des II. Bataillons (Leutnant Mürbe): Sprung ostwärts Kastelli. Bekämpfung des dort gemeldeten schwächeren Feindes. Bei Feindfreiheit oder zu starkem Gegner zurückziehen durch die Berge zum Bataillon.

Wie war nun die Lage beim Fallschirmjäger-Sturmregiment nach der Landung?

Am frühen Morgen des 20. Mai 1941 starteten die Einheiten der Kampfgruppe West so, dass sie mit dem I. Bataillon um 07.15 Uhr bei Malemes einfielen. Die übrigen Einheiten sprangen zeitgerecht wie befohlen; nur beim Abflug des II. Bataillons kam es beim Start wegen des staubigen Platzes zu Verzögerungen, so dass das Bataillon erst gegen 08.00 Uhr abgesetzt werden konnte. Das I. Bataillon landete mit der 3. Kompanie sehr gut an den befohlenen Flakstellungen westlich des Flugplatzes. Der Bataillonsstab jedoch mit der 4. Kompanie landete unter großen Verlusten an den Hängen der Höhe 107, mitten in Stellungen, die auf den Luftbildern nicht erkannt worden waren.

Der Gegner auf dem Flugplatz Malemes war stärker, als aus den Feindnachrichten entnommen werden konnte. Er lag in außerordentlich gut getarnten und mit schweren Drahthindernissen ausgebauten Stellungen, die bei dem schwierigen Gelände nicht zu erkennen waren und eine tadellose Waffenwirkung auf den Flugplatz und so auch auf die gelandeten Teile des I. Bataillons hatten. Dadurch entstanden gleich nach der Landung des I. Bataillons so große Verluste, dass durch Ausfall – auch des

Bataillonskommandeurs Major Koch – sowie eines großen Teiles des Bataillonsstabes und des Chefs der 4. Kompanie, sein Auftrag nicht erfüllt werden konnte. Nur Teile der 3. Kompanie konnten am Westrand des Platzes einige Stellungen und Zeltlager freikämpfen. Hier der Auszug aus dem Kriegstagebuch der Dritten:

„Die Einsatzstärke der 3./LL-Sturmregiments betrug 107 Mann: 3 Offiziere, 27 Unteroffiziere und 77 Mannschaften. Der Rest der Kompanie wurde der Fallschirmjägerkompanie (Oberleutnant Osius) zur Verfügung gestellt.

Für den Einsatz standen 12 Lastensegler zur Verfügung. Für jeden Zug also drei Lastensegler. Der Auftrag lautete:

Mit 3 Lastensegler setzt der 2. Zug (Oberfeldwebel Arpke) die leichte Flak am Nordwest- und Nordrand des Flugplatzes Malemes außer Gefecht.

Mit 3 Lastensegler setzt der 1. Zug (Leutnant Musyal) die schwere Flak etwa 800 m westlich vom Westrande des Flugplatzes außer Gefecht.

Mit 3 Lastensegler kämpft der Kompaniezug (Oberleutnant von Plessen) den Feind am Westrand in dem dort befindlichen Wäldchen nieder.

Mit 3 Lastensegler setzt der 3. Zug (Oberfeldwebel Scheel) den Feind hart südlich der Südweststrecke des Flugplatzes außer Gefecht.

Es kommt darauf an, dass die Flak und Flak-MG schnellstens ausgeschaltet werden, damit die nachfolgenden Fallschirmjägereinheiten ungehindert absetzen können. Nach Durchführung des Auftrages richtet sich die 3. Kompanie auf dem Westufer des Flußtales mit Front nach Westen zur Verteidigung ein. Rechts Anschluss an das Meer, links einschließlich Ost-West-Straße, Aufklärung und Verbindungsaufnahme zum IV. Bataillon ist durchzuführen. Auf dem Westteil des Flugplatzes befindliche Hindernisse sind wegzuräumen."

Am 20. Mai 1941 startete die 3. Kompanie um 05.30 Uhr in Eleusis. Innerhalb des Bataillonsverbandes flog die Kompanie als dritte bis siebente Kette. Während des Anfluges hatten die Maschinen keinen Feindbeschuss. Bei der Maschine von Oberfeldwebel Scheel riss um 06.55 Uhr das Schleppseil mitsamt der Kupplung heraus. Die Maschine verlor den Anschluss an die Kette, landete auf der Insel Antikreta und ging bei der Landung im bergigen Gelände zu Bruch. Die Besatzung schlug sich teils über Land, teils über See durch und erreichte geschlossen am 24. Mai die Kompanie. Die übrigen elf Lastensegler erreichten mit geringem Abstand den Kampfraum. Kurz vor und bei der Landung feuerten die Maschinenbesatzungen mit Bord-MG auf die befohlenen Erdziele. Kompaniezug: 2 Maschinen Bruchlandung. Besatzung leichte Prellungen.

1. Zug: Alle Maschinen gut gelandet. Führermaschine landete 300 m westlich der befohlenen Flakstellung. Durch MG-Beschuss erhielt Leutnant Musyal einen schweren Unterschenkelschuss und fiel aus. Die Führung der Gruppe übernahm Oberjäger Schulz.

2. Zug: Die Maschinen landeten geschlossen, fast gleichzeitig an den befohlenen Plätzen. Die Führermaschine ging zu Bruch. Oberfeldwebel Arpke erlitt eine schwere Prellung des rechten Knies, ferner eine Gehirnerschütterung. Er war einige

Minuten bewusstlos. Oberjäger Schuster übernahm die Führung der Gruppe. 3. Zug: Die Maschine von Oberjäger Ehm landete 1.000 m westlich des befohlenen Objektes. Die Maschine von Oberjäger Dudda 400 m westlich des befohlenen Einsatzortes. Maschine Ehm machte Bruchlandung, die Besatzung blieb jedoch voll kampffähig. Während der Landung wurden die beiden Maschinen durch feindliches MG-Feuer von der Höhe südlich des Flugplatzes beschossen. Als erster erreichte der 2. Zug (Oberfeldwebel Arpke) den Flugplatzrand. Er griff die dort befindlichen Flakstellungen und Splittergräben an, die vom Gegner voll besetzt waren. Die Gruppen erhielten sehr starkes gezieltes Feuer aus süd- und ostwärtiger Richtung. Schon beim ersten Angriff fielen einige Fallschirmjäger und da der Feindbeschuss sich noch verstärkte, befahl Oberfeldwebel Arpke, der wieder zu Bewusstsein gelangt war, das Zurückgehen bis zum Flussbett und dort das Bilden einer Verteidigungsstellung, mit Front in südlicher und ostwärtiger Richtung, zum Flugplatz. Unter Feuerschutz der MG und des leichten Granatwerfers nahmen Stoßtrupps des Zuges Flakstellungen und befestigte Feldstellungen des Gegners und warfen denselben aus der Mitte des Flugplatz-Westrandes. Oberjäger Schuster wurde zur Sicherung in nordostwärtiger Richtung eingesetzt. Der zweite Zug erhielt von Oberleutnant von Plessen Befehl, sich zusammen mit dem ersten und dem Kompaniezug nach Süden auf die Brücke zurückzuziehen. Da jedoch dann die Kompanie keine Flankendeckung mehr hatte und vom Nordrande des Flugplatzes vom Gegner erfasst werden konnte, blieb der 2. Zug in der befohlenen Stellung. Oberjäger Schuster erhielt Befehl, in südlicher Richtung mit dem 1. und dem Kompaniezug Verbindung aufzunehmen.

Der Kompaniezug war kurz hinter dem 2. Zug mit drei Lastensegler gelandet. Die Maschine von Oberleutnant von Plessen ging in der Nähe der Küste zu Bruch. Von dort aus unternahm ein Stoßtrupp unter Führung von Feldwebel Galla einen Angriff auf eine Flakstellung am Westrande des Platzes. Dieser Stoßtrupp wurde völlig aufgerieben. Beim Vorstoß nach Süden und Angriff auf eine andere Flakstellung fiel Oberleutnant von Plessen.

Beim Angriff auf den Olivenhain nördlich der Straße und ostwärts der Brücke, zu dessen Unterstützung die schweren Waffen der Kompanie unter Feldwebel Gleitsmann eingesetzt waren, fielen die Bedienungen größtenteils durch das feindliche Abwehrfeuer aus. Dennoch gelang es, die am Westrand des Flugplatzes am weitesten nach Süden vorgeschobene Flakstellung zu nehmen. Die schweren Waffen der 4. Kompanie, die durch Bataillonsbefehl ebenfalls diesen Angriff unterstützen sollten, konnten nicht in den Kampf eingreifen. Der Olivenhain wurde unter Feuer genommen. Der l. Zug (Leutnant Musyal) griff geschlossen die Flakstellung an. Feldwebel Ellersiek hatte nach dem Ausfall des Zugführers die Führung übernommen. Oberjäger Schulz übernahm die 1. Gruppe. Die Flakstellung erwies sich als unbesetzte Scheinstellung. Der Zug säuberte daraufhin die feindbesetzten umliegenden Häuser. Dann zog er sich zur Kompanie zurück. Der 3. Zug fiel mit 2 Maschinen beim Dorf Tavronitis ein und säuberte es vom Feind. Er machte 30 Gefangene, stieß anschließend zum Westrand des Flugplatzes vor und fand Anschluss an die Kompanie. Einigen Männern gelang es, ein Flakgeschütz wieder feuerbereit zu machen und damit die Flakstellungen auf dem Nordrand des Flugplatzes unter Feuer zu nehmen, vor denen Feldwebel Galla mit seinem Stoßtrupp gefallen war. Während dieser Kampfhandlungen versorgte der Kompaniearzt, Oberarzt Dr. Weizel, die bei der Landung und im Gefecht verwundeten Fallschirmjäger. Zusammen mit dem Obergefreiten Müller holte er 3 Mann, die mit Bauch-, Brust- und Rückenschuss schwer verwundet auf der freien Fläche des Flugplatzes lagen, heraus und brachte sie an einem gedeckten Hang in einem erbeuteten Zelt unter.

Um 09.30 Uhr übernahm Oberarzt Dr. Weizel die Führung der 3. Kompanie, nachdem neben Leutnant Musyal auch Oberleutnant von Plessen ausgefallen war. Er ließ die gesamte Kompanie am Westrande des Flugplatzes sammeln und dort Stellungen beziehen. Durch Stoßtrupps versuchte er dann, diese Stellungen nach Norden und Süden zu erweitern. Der befohlene Anschluss an die Ost-West-Straße wurde wenig später erreicht.

Gegen 10.00 Uhr hielt die 3. Kompanie den Streifen vom Südrand des Flugplatzes an der Brücke bis zum Westrand des Flugplatzes und nach Norden bis zur Küste besetzt.

Es war genau 11.00 Uhr, als Oberleutnant Trebes mit Teilen der 13. Kompanie und dem Rest des 1. Zuges der 3. Kompanie das Zeltlager südlich der Straße im Olivenhain angriff, um den dort eingeschlossenen Zug Kahleyß zu entsetzen. Das Lager wurde genommen. Abermals fielen 30 Gefangene in deutsche Hand.

Die Höhe 107 jedoch, das Ziel dieses Vorstoßes, konnte nicht erreicht werden. Der Zug wurde wieder zur Brücke zurückgezogen und übernahm in seinem alten Abschnitt die Sicherung. Um 12.15 Uhr stieß schließlich Oberleutnant Dobke, vom IV. Bataillon, mit 15 Mann Verstärkung zur 3. Kompanie durch und übernahm den Nordabschnitt des westlichen Flugplatzrandes. Er beabsichtigte, zunächst den Nordrand des Flugplatzes aufzurollen, die dort befindliche Flakstellung zu nehmen und die Gräben zu säubern. Da jedoch nach Meldung von Hauptmann Gericke ein Stukaangriff auf den Nordrand des Flugplatzes angesetzt war, wurde dieser Angriff verboten.

Als dennoch gegen 13.00 Uhr Oberleutnant Dobke mit 8 Gefangenen und einem Teil seiner Männer am Nordrand des Flugplatzes vorging, wurde er durch die Gefangenen in einen Hinterhalt gelockt und fand dabei den Tod.

Bis 14.00 Uhr waren die letzten Verwundeten geborgen. Zwei Stunden später hatte sich die gesamte 3. Kompanie eingegraben. Als Oberarzt Dr. Weizel sich um 15.00 Uhr bei Hauptmann Gericke meldete, erhielt er Weisung, die befohlene Stellung am Westrande des Flugplatzes zu halten und zu sichern. Da für die Nacht ein feindlicher Gegenstoß erwartet wurde, sollte die Kompanie durch 50 Mann der Kompanie Osius verstärkt werden. Um 15.00 Uhr setzte starkes feindliches Artilleriefeuer auf die 3. Kompanie ein. Trotz zeitweise heftigen Feuers erlitt sie jedoch keine weiteren Verluste. Um 16.45 Uhr erfolgte ein Angriff des Gegners von Osten her, durch einen mittleren Panzer mit nachfolgender Infanterie. Der im Flussbett vorgehende Panzer wurde durch eine 3,7-cm Flak zum Stehen gebracht und die ihn begleitenden Infanteristen durch Werferbeschuss vernichtet. Die Besatzung des Panzers wurde gefangengenommen. Der Angriff war damit abgeschlagen. Von 20.00 bis 24.00 Uhr wurden 21 Verwundete, darunter 15 Schwerverwundete, zum Hauptverbandsplatz nach Tavronitis zurückgebracht. Die Kompanie richtete sich zur Nachtverteidigung ein. Sie hatte am 20. Mai verloren:

17 Tote, darunter Oberleutnant von Plessen

27 Verwundete, darunter 19 Schwerverwundete

Während der Nacht erfolgte kein Feindangriff. Die 50 Mann versprochene Verstärkung waren nicht eingetroffen. Das III. Bataillon wurde mit allen Teilen viel zu verzettelt und weit auseinandergezogen im Raume Malemes-Pyrgos, westlich Platanias bis herunter nach Marina (südlich Malemes), abgesetzt. Durch dieses falsche Absetzen fiel der Bataillonskommandeur mit seinem Stabe, Chef der 10. und 12. Kompanie mit der Masse aller Kompanien sofort aus, da das Bataillon – wie das I. Bataillon – mitten in stark und gut ausgebaute Feindstellungen hineinsprang und sofort starken Beschuss erhielt.

Lediglich der 9. Kompanie gelang es, nach Verwundung ihres Chefs, Hauptmann Witzig, der noch am Fallschirm hängend ungefähr an der Stelle, wo heute das Hochkreuz auf dem deutschen Soldatenfriedhof in Malemes steht, von Infanteriegeschossen getroffen und schwer verwundet wurde, sich mit einigen Teilen im Laufe des Tages zum Regiment durchzuschlagen. Einzelne Gruppen des Bataillons wurden an späteren Tagen beim weiteren Vorgehen des Regimentes aufgenommen. Es konnte seinen Auftrag nicht erfüllen. Die Kampfgruppe Braun erreichte zeitgerecht mit allen 9 Lastensegler die Brücke westlich des Flugplatzes, kämpfte sie von MG-Nestern frei, nahm mit Teilen der 3. Kompanie Verbindung auf und musste dann wegen zu starken Beschusses von der Höhe 107 am Flussbett und dem dort befindlichen Olivenhain liegenbleiben. Durch dieses gut gezielte Infanterie- und vereinzelt auch Flakfeuer von der Höhe 107 entstanden schon bei der Landung Verluste, wobei Major Braun durch Kopfschuss sofort fiel und Obleutnant Schächter durch Bruchlandung seines Lastensegler schwer verletzt wurde, so dass Oberleutnant Trebes die Führung der Reste dieser Kampfgruppe übernahm.

Der Regimentsstab und das IV. Bataillon wurden richtig abgesetzt. Sie gingen sofort nach Errichtung des Regimentsgefechtsstandes am befohlenen Platz gegen die Brücke und den Westteil des Flugplatzes vor. Auch ihr Vorgehen litt stark unter dem Feuer von der Höhe 107. Beim Vorgehen wurde der Regimentskommandeur, Generalmajor Meindl, schwer verwundet, als er mit schnell zusammengefassten Teilen des Stabes und des IV. Bataillons rasch die Verbindung zur Kampfgruppe Braun und zum I. Bataillon herstellen wollte. Hauptmann Gericke übernahm daraufhin auf Befehl des Regimentskommandeurs die Kampfführung in diesem Abschnitt.

Die 16. Kompanie wurde richtig abgesetzt. Sie übernahm die Sicherung nach Süden, etwa 2 Kilometer südwestlich des Flugplatzes, und versuchte mit einzelnen

Teilen Verbindung mit dem I. Bataillon an der vom Gegner stark besetzten Höhe 107 aufzunehmen. Auch das II. Bataillon wurde ungefähr richtig abgesetzt, sammelte sich bei geringem Feindbeschuss auf den befohlenen Höhen. Die 6. Kompanie übernahm die Sicherung nach Westen und Süden am Pass nahe Spilia.

Der Zug Mürbe wurde viel zu nah am Dorf Kastelli abgesetzt und erhielt schon beim Niederschweben starkes Feuer von Insurgententruppen und Zivilisten. Der Zug Mürbe wurde schon am ersten Tag völlig aufgerieben. Von den 73 Mann wurden später nur etwa 20 – zum Teil verwundet – aus der Gefangenschaft befreit.

Die Lage beim Fallschirmjäger-Sturmregiment nach der Landung stellte sich folgendermaßen dar:

Hauptmann Gericke leitete den Angriff gegen den Nordteil des Flugplatzes mit Teilen seines stark durcheinandergewürfelten IV. Bataillons und der 3. Kompanie vom I. Bataillon. Zur Inbesitznahme der Höhe 107 wurde vom Regimentskommandeur Major Stentzler mit Teilen seines II. Bataillons von Spilia herangezogen. In den Mittagsstunden wurden Major Stentzler und Hauptmann Gericke persönlich vom verletzten Generalmajor Meindl eingewiesen:

„Bataillon Stentzler greift rechts vom Bataillon Gericke weit ausholend den Feind flankierend an. IV. Bataillon greift weiterhin frontal beiderseits der Asphaltstraße von Westen her den Flugplatz in Richtung Malemes an." Die schweren Waffen des II. Bataillons, die im Verlaufe des Nachmittags westlich des Flugplatzes eintrafen, wurden dem Bataillon Gericke zur Unterstützung des Angriffes gegen den Nordhang der Höhe 107 unterstellt.

Teilen des II. Bataillons gelang es in den Nachmittagsstunden durch eine großzügige Umfassung – von Süden mit der 7. Kompanie und von Westen mit der 5. Kompanie – gegen die Höhe 107 vorzustoßen und sich in den Abendstunden unter Gefangennahme von 4 Offizieren und 100 Mann in den Besitz des Südteils der Höhe 107 zu setzen.

Reste des I. Bataillons unter Führung von Oberstabsarzt Dr. Neumann (nach Verwundung von Major Koch) gelangten gegen Abend an den Nordhang der Höhe 107, wo die dort befindliche feindliche Flakbatterie durch zusammengefasstes Feuer der schweren Waffen des Bataillons Gericke zum Schweigen gebracht wurde. Doch die Höhe selbst konnte an diesem ersten Tage noch nicht voll in Besitz genommen werden. Hier verteidigte sich der Gegner erbittert.

Die 6. Kompanie wurde mit Masse von ihrem Sicherungsauftrag im Westen als Reserve für die erste kritische Nacht herangezogen. Doch sie wurde nicht benötigt, da der Gegner nicht angriff. Im Frühlicht des 21. Mai ging sie wieder zum Pass bei Spilia zurück. In den späten Abendstunden des 20. Mai übernahm Major Stentzler auf Befehl des Regimentskommandeurs die Regimentsführung in vorderster Linie. Die Leitung der Gesamtoperation blieb jedoch weiter in den Händen von Generalmajor Meindl.

Während dieses ersten heißumkämpften Tages flog die Luftwaffe im Westteil der Insel mit Zerstörer- und Stukaverbänden mehrere Einsätze gegen wichtige Feindziele und unterstützte das Fallschirmjäger-Sturmregiment nach Kräften. Nach dem Absetzten weiterer Einheiten, die auf erheblichen Widerstand stießen, war es den Fallschirmjägern noch nicht gelungen, einen der Flugplätze in Besitz zu nehmen. Den 7.000 gelandeten Fallschirmjägern stand eine Übermacht von 43.000 Gegnern gegenüber.

Die Entscheidung bei Malemes – Oberst Ramcke im Einsatz

In den späten Abendstunden des 20. Mai hatte das Generalkommando des XI. Fliegerkorps den Eindruck gewonnen, dass der Widerstand des Feindes erheblich stärker als erwartet war. Entscheidend für den Fortgang der Operation war die rasche Inbesitznahme eines Flugplatzes, damit die Landungen durchgeführt werden konnten. Nach Lage der Dinge konnte dies nur der Flugplatz Malemes sein. Aus diesem Grunde wurde in Athen der Schwerpunkt aller Maßnahmen auf die Unterstützung des Sturmregimentes zur Freikämpfung des Flugplatzes Malemes gelegt. Am 21. Mai 1941 übernahm der soeben abgesprungene Oberst Ramcke die Führung des Fallschirmjäger-Sturmregiments und der gesamten Kampfgruppe West. Am Nachmittag des 21. Mai wurden die ersten Gebirgsjäger des III./Gebirgsjägerregiments 100 mit Ju 52 nach Malemes in Marsch gesetzt. Vom Himmel hinuntergeworfen landeten sie unter hohen Verlusten in der Hölle der Schlacht von Malemes. Die Landungsversuche der ersten und zweiten leichten Schiffsstaffeln, die jeweils nur durch ein italienisches Torpedoboot gedeckt werden konnten, fielen dem Feuer englischer Zerstörer, Kreuzer und Schlachtschiffe zum Opfer. Nur wenige der eingeschifften Gebirgsjäger erreichten den Strand von Kreta. 300 Soldaten des III./Gebirgsjägerregiments 100, darunter auch der Bataillonskommandeur, Oberstleutnant Ehal, behielt die See.

Am Vormittag des 22. Mai landeten weitere Einheiten Gebirgsjäger auf dem Flugfeld von Malemes. Noch immer schossen britische Geschütze auf den Platz, und am Abend dieses Tages lagen insgesamt 134 deutsche Flugzeuge und eine Reihe von Feindmaschinen zertrümmert am Flugfeldrand. Erst am Abend gelang es den Stukas in einem massierten Angriff, die noch bei Modion stehenden und auf den Platz schießenden Feindbatterien zum Schweigen zu bringen. Nunmehr konnten Flugzeuge ungehindert in Malemes niedergehen. Nach dem Fall von Chania und bis zum Abend des 27. Mai 1941, hatte allein das Fallschirmjäger-Sturmregiment auf Kreta 749 Soldaten verloren, die großteils gefallen waren oder als vermisst galten.

Am 30. Mai gab das Oberkommando der Wehrmacht bekannt:

„Die am 20. Mai durch eine gewaltige Luftlandung begonnen Operationen zur Besitznahme des britischen Bollwerkes Kreta nähern sich ihrem Abschluss. Der feindliche Widerstand ist überall zusammengebrochen. Die im Westteil der Insel aus Gebirgs- und Fallschirmjägern gebildete Angriffsgruppe hat nach überaus harten Kämpfen, bei glühender Hitze und unter größten Bewegungsschwierigkeiten, den

Feind geschlagen und zersprengt. Die Entsetzung der eingeschlossenen Fallschirmjäger bei Rethymnon, die sich über acht Tage lang einer starken feindlichen Übermacht gegenüber tapfer behauptet haben, ist vollzogen.

Die Reste der zersprengten britischen Einheiten flüchten, von unseren Truppen verfolgt, gegen die Südküste, um sich dem weiteren Kampf durch Einschiffung zu entziehen."

Wenige Tage darauf, war der Kampf um Kreta beendet. General der Flieger Student aber sagte nach dem Kreta-Unternehmen:

„Über die Schlacht von Kreta zu schreiben, wird mir sehr schwer. Für mich, als Führer der deutschen Luftlandetruppen, die Kreta eroberten, ist dieser Name eine sehr bittere Erinnerung. Ich habe mich verrechnet, als ich diesen Angriff vorschlug, und dies bedeutete nicht nur den Verlust vieler Fallschirmjäger, die meine Söhne waren, sondern letztendlich überhaupt den Tod der deutschen Luftlandewaffe, die ich selbst geschaffen hatte."

Die deutschen Verluste auf Kreta betrugen insgesamt beim Heer an Toten, Verwundeten und Vermissten 51 Offiziere und 1.172 Mann. Bei der Luftwaffe 297 Offiziere und 4.464 Mann. Neuseeländische Historiker beziffern die Verluste der britischen Landstreitkräfte an Toten, Verwundeten und Gefangenen auf 15.743 Mann. Die Verluste der britischen Marine wurden von britischer Seite mit 2.011 Mann exakt angegeben.

Mit vielen anderen Kameraden, die bei den Kämpfen um Kreta verwundet worden waren, wurde Hauptmann Witzig mit seinen schweren Schussverletzungen ins Luftwaffenhospital nach Athen verbracht. Weitere Lazarettaufenthalte schlossen sich an und seine Genesung schritt nur langsam voran. Nach fast einjähriger Rekonvaleszenz erhielt Rudolf Witzig am 10. Mai 1942 den Befehl, zunächst in Dessau, später dann in Wittenberg das Korps Fallschirm-Pionierbataillion aufzustellen, dessen Kommandeur er wurde. Im Sommer 1942 erfolgte seine Beförderung zum Major.

Folgen wir nun den Ausführungen von Major Witzig, der die Geschichte des Korps-Fallschirm-Pionierbataillons festgehalten und damit seine Geschichte und die seiner tapferen Männer für die Nachwelt erhalten hat.

Das Korps-Fallschirm-Pionierbataillon und I./Fallschirm-Pionierregiment 21 von 1942-1944

Die Aufstellung des Bataillons

Die Geschichte dieses Bataillons, das fast drei Kriegsjahre erlebt und erlitten hat, soll, ehe die letzten Unterlagen verloren gehen, zusammengestellt werden. Fast ein halbes Jahrhundert später kann das Ergebnis nicht mehr vollständig und auch nicht fehlerfrei sein, zumal die Kriegstagebücher verloren sind. So mischen sich persönliche Erfahrungen und Erlebnisberichte, soweit für das Bataillon wichtig, mit belegten Fakten aus der Aufstellung und Ausbildung, aus Stellenbesetzung und Verlusten, aus Märschen und Gefechten. Berichte von ehemaligen Angehörigen des Bataillons zu bestimmten Ereignissen und Kopien aus der einschlägigen Literatur sowie von Dokumenten finden sich im Text und Anhang.

Es bestand eine durchgehende Verbindung vom Pionierzug des Fallschirm-Infanteriebataillons 1938 bis zur Auflösung des I. Bataillons/Fallschirm-Pionierregiment 21 Ende 1944. Das III. Bataillon/Luftlande-Sturmregiment, das nur aus Pionieren bestand, übernahm im Sommer 1940 die meisten Angehörigen des alten Pionierzuges, und das Korps-Fallschirm-Pionierbataillon übernahm, was an Pionieren vom III./Luftlande-Sturmregiment nach Kreta- und Russlandeinsatz noch übrig war. Das I./Fallschirm-Pionierregiment 21 war mit dem Korps-Fallschirm-Pionierbataillon identisch, nur der Name wurde geändert.

Das Korps-Fallschirm-Pionierbataillon wurde Anfang 1942 in Dessau-Kochstedt aufgestellt. Dazu gab das Fallschirm-Pionierbataillon 1, Major Liebach, seine 2. Kompanie, Chef Oberleutnant Tietjen, als Stamm ab, dazu Spezialisten, Nachrichtenpersonal und Offiziere, die vom Heer, bzw. von der Luftnachrichtentruppe als Freiwillige zur Fallschirmtruppe und zunächst zum Fallschirm-Pionierbataillon versetzt waren. Viele Offiziere kamen vom Reichsarbeitsdienst. Gerade diese verschafften dem neuen Bataillon eine solide Grundlage. Die Mannschaften kamen von der Pioniersatzkompanie Tangermünde. Einige Offiziere und Unteroffiziere hatten sich bereits beim Angriff auf Eben-Emael in Belgien und bei der Einnahme der Moerdijk-Brücke über das Hollands Diep am 10. Mai 1940 und auf Kreta am 20. Mai 1941 im Luftlande-Sturmregiment und im Fallschirm-Pionierbataillon 1 bewährt.

Im April 1942 wurde ein Zug Pioniere aus dem kaum entstandenen Korps-Fallschirm-Pionierbataillon zusammengestellt und zum Fallschirm-Lehrbataillon nach Döberitz kommandiert und später versetzt. Vermutlich sollte dieses Bataillon an einem Luftlandeunternehmen gegen Malta, das in jener Zeit heftig bombardiert wurde, beteiligt werden; es kam jedoch nicht dazu.

Am 10. Mai 1942 übergab Oberst Barenthin, Stabsoffizier der Fallschirmpioniere im Generalkommando des XI. Fliegerkorps in Berlin-Tempelhof, das bis dahin von

Oberleutnant Tietjen geführte Bataillon in der Kaserne in Dessau-Kochstedt an mich, Hauptmann Witzig. Dies war die erste Stellenbesetzung:

Stab

Kommandeur .... Hauptmann Witzig
Adjutant .... Leutnant Braun
Nachrichten-Offizier .... Leutnant Heise
Bataillons-Arzt .... Stabsarzt Dr. Illing, Oberarzt Dr. Bartels
Abteilung IVa .... Inspektor Maltan, Inspektor Grölle
Kraftfahrzeug-Offizier .... Oberleutnant Schobert, Inspekteur K. Müller
Waffen und Geräte .... Waffen-Inspekteur Schubert
Pioniergerät und Munition .... Oberfeuerwerker Plewe
Leichte Pionier-Kolonne .... Oberleutnant Conrad

1. Kompanie

Oberleutnant Ernst,
danach Oberleutnant Hünichen
Leutnant Kubillus
Oberfeldwebel Wenzel
Fahnenjunker-Feldwebel Petritsch
Haupfeldwebel-Diensttuer Uffz. Matzke

2. Kompanie

Oberleutnant Tietjen
Leutnant Tiemens
Leutnant Treue
Leutnant Hermann
Hauptfeldwebel Mross

3. Kompanie

Oberleutnant Friedrich
Leutnant Von Albert
Oberfeldwebel Schikorra
Oberfeldwebel Beckmann
Feldwebel Ackermann
Hauptfeldwebel Jelinek

4.Kompanie

Oberleutnant Hardt
Leutnant Klinge
Fahnenjunker-Feldwebel Schürmann
Feldwebel Boos
Hauptfeldwebel Wenhardt

Es folgten Monate harter Ausbildung mit den Schwerpunkten:
- Sprungausbildung in Wittstock, eine Verbandssprungübung in Wittenberg
- Verbandsausbildung auf dem Truppenübungsplatz Altengrabow bei Magdeburg
- Planübung: Einsatz des Bataillons nach Fallschirmabsprung
- Bataillon-Sprungeinsatz

Im Juli 1942 verlegte das Bataillon von Dessau-Kochstedt nach Wittenberg-Lutherstadt in die dortige Flak-Kaserne. Schon in Altengrabow wurde die 2. Kompanie überraschend zur Fallschirmjägerbrigade Ramcke nach Libyen kommandiert. Im September fand ein Bataillons-Sportfest auf dem Wittenberger Sportplatz statt; Oberst Barenthin war dabei.

Bis Oktober 1942 hatte das Bataillon einen guten Ausbildungsstand erreicht. Es beherrschte den Pionierdienst, Sturmpionieraufgaben und den Infanteriegefechtsdienst, jedoch ohne schwere Waffen, die in der Ausrüstung ebenso fehlten wie Pioniermaschinen und Kriegsbrückengerät. Der Einsatz als Korpstruppe, das hieß Pionierschwerpunkte beim geschlossenen Einsatz des Korps zu bilden, wurde nicht geübt. Das I. Fallschirmkorps gab solche Absichten nicht bekannt. Es wurde auch nicht mit anderen Verbänden geübt.

Einen Anhalt für die Offizier- und Offiziersanwärterbesetzung des Bataillons vor dem Afrikaeinsatz gibt die im Anhang enthaltene Geburtstagsliste, die sich erhalten hat.

Das Korps-Fallschirm-Pionierbataillon beim Einsatz in Tunesien

Im Oktober 1942 sollte das Bataillon seiner 2. Kompanie nach Libyen folgen. Ein Transport mit Stab, Nachrichtenzug und 1. Kompanie fuhr mit der Bahn nach Süditalien bis Lecce bei Brindisi, wurde aber alsbald zurückgeschickt und erreichte auf langer Fahrt um die Adria herum Athen. Der zweite Transport mit der 3. und 4.Kompanie wurde in Neapel festgehalten. Die Lage beim Afrikakorps, damit auch bei der Fallschirmjägerbrigade Ramcke, hatte sich verschlechtert, der Transport nach Libyen wurde fraglich.

Das Bataillon schien „aus dem Ruder gelaufen“, darum hier mein persönlicher Bericht:

Nach dem Kretaeinsatz am 20. Mai 1941, war ich wegen meiner Beinverwundung mit kurzer Unterbrechung im November/Dezember 1941 ein Jahr im Lazarett. Daher konnte ich das Korps-Fallschirm-Pionierbataillon erst im Mai 1942 übernehmen. Dazu hatte ich mir den Jahrestag von Eben Emael, den 10. Mai auserbeten. Wegen der Verwundung konnte ich auch an der Verbandsausbildung in Altengrabow nur bedingt teilnehmen. Doch gab mir der Standort Dessau-Kochstedt Gelegenheit, am Taktikunterricht des Bataillonsführerlehrgangs an der Pionierschule in Dessau-Roßlau teilzunehmen, hatte ich doch bisher nie ein Bataillon geführt. Am 1. September 1942 wurde ich zum Major befördert. Im Oktober 1942 zwang mich eine erneute Entzündung des verletzten Beines in das Krankenhaus in Wittenberg, gerade als die Transporte des Bataillons nach Italien abgingen. Etwa zehn Tage später flog ich dem Bataillon nach und meldete mich, da alles verworren war, beim Oberbefehlshaber Süd, Generalfeldmarschall Kesselring in Frascati bei Rom. Gerade waren die Alliierten in Marokko gelandet und verzweifelt suchte man nach Truppen, die man ihnen entgegenwerfen konnte. Da kam ich mit meinem zerstreuten Bataillon gerade recht, und rasch wurden die nötigen Befehle gegeben, das Bataillon in Bizerta am Nordostzipfel von Tunesien zu versammeln. Welche deutschen Truppen ich dort schon vorfinden würde, konnte mir niemand sagen, auch nicht ob die bisher ruhigen französischen Truppen in Tunesien bei der deutsch-freundlichen Vichy-Regierung bleiben oder sich auf die Seite der Alliierten schlagen und uns bekämpfen würden. Sofort begab ich mich auf dem Luftweg nach Athen und veranlasste dort die Verladung in die bereitgestellten zwei Flugboote, „BV 222". Mit Stab, Nachrichtenzug und 1. Kompanie flog ich am 15. November nach Bizerta, wo wir im großen Hafenbecken ungestört wasserten. Auch der Anflug der 3. und 4.Kompanie von Neapel mit Ju 52 verlief planmäßig. Auf diese Weise war jedenfalls die Masse des Bataillons wieder beieinander, wenn auch fast ohne Fahrzeuge und Gerät. Die Fahrzeuge mit Beladung blieben in Athen und Neapel zurück, ein Teil wurde später auf dem Seeweg nachgeführt. Zunächst hatten wir nur sechs Beiwagen-Kräder, vier Feldküchen und ein Teil der Fallschirme zur Verfügung, dazu die Ausrüstung am Mann. Es fehlte jeder Nachschub, auch an Munition. Die Versorgungsteile des Bataillons, jetzt noch zerstreut in Wittenberg, Athen, Neapel und Bizerta, begannen beharrlich ihre erfolgreiche Arbeit. Kommandeur aller Kampfeinheiten in Bizerta, wie sie gerade eintrafen, wurde Oberst von Broich, später Kommandeur der in Ferryville improvisierten Division.

Kaum eingetroffen erhielt das Bataillon den Befehl, umgehend, nachdem es sich notdürftig mit requirierten Fahrzeugen motorisiert hatte, mit einer unterstellten Kompanie Panzer IV, einer italienischen Panzerabwehrkompanie auf Selbstfahrlafetten und einem Zug 2cm-Flak nach Westen zu marschieren, um den alliierten Vormarsch so weit westlich wie möglich zu stoppen. Eine Batterie mit 10 cm-Beutegeschützen war auf Zusammenarbeit angewiesen. Die 3. Kompanie musste zum Schutz von Bizerta zurückbleiben, so dass nur die 1. und 4. Kompanie beteiligt waren.

Am 16. November 1942 nachmittags marschierte die kleine Kampfgruppe ab, zunächst vorbei an der weit überlegenen französischen Garnison Ferryville, die sich passiv verhielt, nach Mateur, ca. 35 Kilometer südwestlich von Bizerta. Wir wurden dort begeistert empfangen, von Arabern und italienischen Siedlern. Die Italiener freuten sich weil sie die französische Herrschaft leid waren. Wir waren doch noch mit Italien verbündet.

Dabei ein Erlebnis am Rande: Ein Italiener brachte mir ohne Aufforderung seinen schönen weißen Sportwagen mit der Bemerkung: „Ich kann ihn jetzt nicht brauchen. Geht's gut, geben Sie ihn mir wieder, geht's nicht gut, ist er sowieso verloren!" Wir hatten ihn bis April 1943 in Gebrauch.

Am 17. November wurde der Vormarsch vor Djebel Abiod, ca. 85 Kilometer westlich von Bizerta, durch eine von uns nicht rechtzeitig erkannte Stellung gestoppt. Wir erlitten Panzerverluste, unsere 2cm-Flak und die italienischen Panzerabwehrkaretten kämpften heftig. Schließlich blieben nur unsere beiden Kompanien dort, Panzer, Flak und Panzerabwehr zogen sich zurück in Deckung. Wir gruben uns im „Kaktuswäldchen" dicht vor Djebel Abiod ein. Es war der westlichste Punkt, den deutsche Truppen in Nordafrika erreicht hatten. Nur die späteren Sprungeinsätze der

3. Kompanie/Korps-Fallschirm-Pionierbataillon gingen bis über die algerische Grenze. Der Verlauf des Tunesien-Feldzugs für unser Bataillon, damit auch der Vormarsch und das Gefecht bei Djebel Abiod, werden im folgenden kurz beschrieben.

21./22. November 42: Erfolgreiches nächtliches Stoßtruppenunternehmen der 1. Kompanie auf Djebel Abiod. Der Kompaniechef Oberleutnant Hünichen wurde verwundet.

22. November 42: Ein italienisches Fallschirmjägerbataillon wird zugeführt und unterstellt. Nach einem erfolglosen Angriff auf Djebel Abiod, der im Morgengrauen des 23. November 42 von Südosten her ausgeführt wurde, verschwand das Bataillon wieder spurlos nach hinten.

25./26. November 42: Nächtliches Lösen vom Feind, während die Höhen beiderseits schon von ihm besetzt waren, zunächst etwa 1,5 Kilometer bis zum Eisenbahnviadukt, dann am 27. November 42 40 Kilometer zurück bis in die Jefna-Stellung, welche wir alsbald besetzten und ausbauten.

25. November 42: Die verstärkte 3. Kompanie, als Divisionsreserve eingesetzt, wies einen amerikanischen Panzerangriff 17 Kilometer südlich Mateur erfolgreich ab. Danach wurde sie wieder dem Bataillon unterstellt Am 28. November wurde unsere Jefna-Stellung von einer starken englischen Kampfgruppe mit kleinen Kampfpanzern voraus angegriffen. Sie wurde mit hohen Verlusten abgewiesen; alle Panzer wurden abgeschossen. Bis zum 30. November scheiterten ebenso englische Versuche bei Tag und Nacht unsere Stellung zu durchbrechen oder über die Höhen beiderseits zu umgehen. Diese Gefechte waren die größten Abwehrerfolge des Korps-Fallschirm-Pionierbataillons in Tunesien.

Leutnant Kubillus, der die 1.Kompanie nach dem Ausfall von Oberleutnant Hünichen führte, wurde verwundet. So hatte die Kompanie keinen Offizier mehr. Geschwächt wie sie war, wurde sie zunächst mit der 4. Kompanie, Chef Oberleutnant Hardt, zusammengelegt. Bei einem Gegenstoß der 4. Kompanie am 29. November auf den Djebel Azag nördlich des Passes fiel Leutnant Klinge und bei einem Gegenstoß der 1. Kompanie am 30. November auf den Djebel Ajred dicht südlich des Passes Leutnant Petritsch. Seither hießen die beiden den Pass beherrschenden Berge bei uns der „Klingeberg" und der „Petritschberg".

Neuer Divisionskommandeur wurde im Dezember Generalmajor von Manteuffel. Zur Division gehörte jetzt auch das Fallschirmjägerregiment „Barenthin", es war südlich anschließend an die Jefna-Stellung eingesetzt. Es bestand aus Fallschirm-Panzerjägern und unter anderem auch aus aufgelösten Lastenseglereinheiten, welche das Fallschirmkorps nachgeführt hatte. Das Korps-Fallschirm-Pionierbataillon war dem Oberst Barenthin bzw. seinem Regiment zu keiner Zeit unterstellt, aber oft dort auch im Minenkampf tätig.

Mitte Dezember 42 wurde das Bataillon herausgezogen. Es wurde durch das Bataillon „T 3" (Tunis 3) abgelöst. Dies war ein als Personalersatz zugeführtes Marschbataillon des Heeres, das in Ermangelung von Infanterietruppenteilen, die aufzufüllen waren, gleich als Kampfgruppe eingesetzt wurde. Das Korps-Fallschirm-

Pionierbataillon befestigte die Jefna-Stellung durch Minenfelder beiderseits der Passstraße sowie durch Draht- und S-Minensperren auf den Höhen beiderseits. Auch gingen die ersten Spähtrupps mit Minen hinter die englische Stellung. Seit dem 28. Dezember war die 1. Kompanie wieder selbstständig, jetzt geführt von Oberleutnant Conrad.

Am 30. Dezember verliefen nächtliche Fallschirmsprungeinsätze der 3. Kompanie zur Zerstörung von Brücken in Ost-Algerien erfolglos, die vom „Fliegerführer Tunis" organisiert worden waren. Nur wenige überlebende Teilnehmer konnten sich der Gefangennahme entziehen und zur deutschen Front durchschlagen, dabei der Kompaniechef Hauptmann Friedrich.

Am 5. Januar 1943 wurde das Bataillon alarmiert, es löste die Infanterie in der Jefna-Stellung wieder ab, weil die Engländer offenbar einen massiven Angriff vorbereiteten. Am 5. und 6. griffen sie wiederholt mit starker Artillerieunterstützung an, sie wollten die Höhen beiderseits des Passes erobern. Und wieder wehrte das Korps-Fallschirm-Pionierbataillon alle Angriffe ab. In erbitterten Nachtgefechten standen uns erstmals englische Fallschirmjäger gegenüber. Der Bericht des damaligen Oberfeldwebels Niedermeier, als Zugführer auf dem „Klingeberg" eingesetzt, spricht für sich.

Nach dem Scheitern der englischen Angriffe wurde das Bataillon wieder als Divisionsreserve herausgezogen. Es folgten Verminungen im ganzen Divisionsabschnitt und wieder nächtliche Mineneinsätze hinter den englischen Stellungen. Am 22. Januar holten wir 20 Araber aus einem Lager bei Tunis ab. Sie wollten freiwillig in der deutschen Wehrmacht dienen. Angeblich waren es teilweise ehemalige Fremdenlegionäre. Sie wurden notdürftig eingekleidet und den Kompanien zur Unterstützung zugeteilt. Im Gefecht hätten sie in keinem Fall standgehalten.

Am 27. Januar fuhr Oberleutnant Conrad, obgleich er gewarnt war, mit einem Beiwagen-Krad auf eine eigene Mine. Er und zwei Pioniere kammen dabei zu Tode. Danach wurde die 1. Kompanie von dem ehemaligen Oberfeldwebel, dann Leutnant Wenzel geführt.

Ab 4. Februar wurden wir zunehmend im Gelände nördlich der Jefna-Stellung eingesetzt. Dort lag ein Bersaglieri-Regiment, aber wir trauten ihm nicht viel zu, falls der Engländer dort angegriffen hätte. Eine gewaltsame Aufklärung durch die 1. Kompanie vor der italienischen Front ergab, dass dort algerische Franzosen in Stellung waren, „Corps Franc d'Afrique".

Anfang Februar 1943 traf Leutnant Tiemens mit dem Rest der 2. Kompanie, etwa 50 Mann, beim Bataillon ein. Er hatte sie von Libyen mit Beutekraftfahrzeugen hergeführt, weil sich dort die Fallschirmjägerbrigade Ramcke umorganisierte. Die Kompanie wollte lieber zu ihrem Bataillon stoßen, als sich von Generalmajor Ramcke zu seiner in Deutschland aufzustellenden Division vereinnahmen zu lassen. Leutnant Tiemens wurde Adjutant und die Kompanie wurde von Oberleutnant Braun übernommen. Wie war es jedoch der 2. Kompanie in der Zwischenzeit ergangen? Hier der Bericht von Austermann, der im folgenden zitiert wird.

Der Einsatz der 2. Kompanie, Oberleutnant Tietjen in Afrika

„Die 2. Kompanie, die geschlossen aus dem Bataillon Liebach kommend, das Gerippe des neuen Bataillons stellte, war naturgemäß auch die Kompanie, die, nach zwar erheblichen Abgaben an die anderen drei Kompanien, zuerst wieder einsatzbereit stand. Schon im Juli 1942 verlegte sie von Dessau-Kochstedt aus im Eisenbahntransport (genau wie im Jahre zuvor ein Teil des ersten Bataillons zum Kretaeinsatz), bis in den Raum Athen. Nach kurzem Aufenthalt ging es weiter, im Luftmarsch mit der guten alten Ju 52, hinüber nach Kreta. Hier gab es für manch einen Angehörigen der Kompanie ein unverhofftes Wiedersehen mit der Insel, um die im Mai 1941 so harte Kämpfe stattgefunden hatten, und an denen gerade die 2. Kompanie in erheblichem Masse beteiligt gewesen war.

Unter Führung von Leutnant Tiemens flog einige Tage später ein Vorkommando nach Tobruk. Von hier ging es auf Befehl der schon seit einiger Zeit in der El-Alamein-Stellung eingesetzten Brigade Ramcke, weiter über die Küstenstraße, der Hauptnachschubstrang des Deutschen Afrika-Korps, über Hunderte von Kilometern, bis in die Katarra-Senke. Hier deckte die Brigade, gestützt auf das so genannte Katarra-Werk, dem Afrika-Korps die südliche Flanke – etwa 70 Kilometer von der Küste entfernt.

Das Vorkommando Tiemens, dem Bataillon Hübner unterstellt, begann sofort mit Pionierarbeiten. Im wesentlichen Verlegen von Minen vor den Stellungen. Und diese Arbeit sollte die Kompanie, die kurze Zeit später eintraf, den ganzen langen Afrika-Feldzug immer wieder durchführen – in allen Variationen und mit großen Erfolgen. Der Minenkampf stellte die angreifenden Empire-Truppen täglich vor neue Probleme. Besonders bei dem späteren Rückzug war die Mine, verlegt und oft auch noch verteidigt von den Pionieren (weil kein anderer mehr da war!) eine der schärfsten Waffen, die auf deutscher Seite noch eingesetzt werden konnte. Sie allein verzögerte den Vormarsch der britischen Armee um Wochen.

Was die Pioniere dabei leisteten an Arbeit und an Kampf, an täglichem Kleinkampf, ohne große, spektakuläre Siegesmeldungen und Nennungen im Wehrmachtsbericht usw., ist nie so recht gewürdigt und anerkannt worden. Allzu oft wurde es als selbstverständlich angesehen und darüber hinaus auch in seiner Bedeutung zumeist unterschätzt. Die erste taktische Regel im Minenkampf, dass eine Sperre erst mit ihrer Verteidigung den Wert erhält, der ihr zugedacht ist, wurde von den taktischen Führern, zumeist Infanterie- oder Jäger-Offiziere, in den wenigsten Fällen beachtet. Man überließ alles dem Pionierführer und seinen immer zu wenigen Männern. So kam es, dass an fast allen Sperren die Pioniere die Letzten waren, die die Verteidigung noch zusätzlich übernehmen mussten. Diese ständige Überforderung wirkte sich in der Folgezeit katastrophal aus. Und dies nicht nur auf dem afrikanischen Kriegsschauplatz!

Schon kurz nach Beginn der Schlacht um die El-Alamein-Stellung zeichnete sich ihr Schwerpunkt ab. Die Briten versuchten auf der Küstenstraße durchzustoßen und den Vormarsch nach Westen anzutreten. Das gelang ihnen, dank ihrer gewaltigen Materialüberlegenheit schon sehr bald. Die immer noch im Süden stehende und bis dahin nicht angegriffene Brigade drohte, nachdem die Verbindungen bereits abgerissen waren, auch abgeschnitten zu werden. General Ramcke entschloss sich daraufhin, auf eigene Faust zu handeln und den Anschluss an das Gros wieder herzustellen. Die Brigade trat an zu ihrem legendär gewordenen Marsch, der sie über 350 Kilometer durch Wüste, Sonne und Kampf führen sollte.

Zunächst ging der Marsch nach Westen, parallel der britischen Vormarschrichtung. Nur die Artillerie war motorisiert. Alles andere marschierte zu Fuß. Nachdem die feindliche Aufklärung die Brigade erfasst hatte, wurde sie von den vordringenden Engländern und Australiern scharf angegriffen.

Oberleutnant Cord Tietjen, der Führer der 2. Kompanie war mit mehreren seiner Männer und einer unterstellten Pak mit einem Kfz 15 zur nördlichen Flankensicherung eingesetzt. Bei einem Gefecht mit weit überlegenen feindlichen Panzerkräften verließ den bewährten alten Fallschirmjäger, den Erstürmer der Brücke von Moordjik, den Ritterkreuzträger und auf Kreta so erfolgreichen Kompanieführer, das Soldatenglück. Aus einer aussichtslosen Lage heraus musste er mit seiner ganzen Gruppe den bitteren Weg in die Gefangenschaft antreten. Fortan wurde die Kompanie von Leutnant Tiemens geführt.

Inzwischen war für die Brigade die Lage sehr schwierig geworden. Ohne Kenntnis der Vorgänge im Bereich der Küstenstraße, ohne Nachschub, bei immer knapper werdenden Trinkwasservorräten war kaum noch damit zu rechnen, dass der Anschluss an die eigene Truppe gelingen würde. Aber wie so oft, so hatte „Old Ramcke“ auch diesmal wieder Glück. Überraschend stieß die Spitze der Brigade, nachdem sie die Nacht über marschiert war und nur wenig gerastet hatte, kurz vor der Morgendämmerung auf eine schier unübersehbare, haltende englische Fahrzeugkolonne. Im Handumdrehen enterten die Fallschirmjäger alle Fahrzeuge und – ein Teil der Nachschubkolonne einer britischen Panzerbrigade, wie sich sehr schnell herausstellte, war ihnen in die Hände gefallen, mit allem was die Männer brauchten und seit Wochen vermisst hatten: Wasser, Brot, Obst, Tabak, Zigaretten, Seife, Fleisch, Wurst, Marmelade usw. usw. Alles andere war dann kein allzu großes Problem mehr. Mit ihren englischen Fahrern erreichten sie am nächsten Tag wieder die deutschen Linien, freudig begrüßt von Feldmarschall Rommel, der die Brigade Ramcke schon abgeschrieben hatte.

Die 2. Kompanie wurde dem Bataillon von der Heydte unterstellt mit dem Auftrag, Verminungen und Sprengungen an den Rückzugsstraßen durchzuführen.

Der Rückzug führte über die Stellungen bei Marsa el Brega, Tobruk, Derna, Bengasi und Tripolis bis nach Gabes. Hier zeichnete sich bereits die Tendenz ab, Spezialisten aus dem Afrika-Korps herauszuziehen und für geplante Neuaufstellungen in die Heimat zu versetzen. Hatte die Führung diesen Kriegsschauplatz zu der Zeit bereits abgeschrieben?

Die Kompanie war durch den Ausfall an Gefallenen, Verwundeten und Erkrankten auf noch etwa 50 Mann zusammengeschmolzen. Durch den pausenlosen Einsatz und vor allem das ungewohnte Klima, befand sich dieser Rest physisch in einer solch schlechten Verfassung, dass er aus der Brigade herausgelöst werden musste. Die Untersuchungen der Männer durch den Brigadearzt in der Ruhestellung bei Gabes bestätigten dies. Daraufhin erhielten 90 Prozent der Restkompanie Einweisungen in Lazarette oder den Schein für einen Erholungsurlaub in Deutschland.

In der Zwischenzeit hatte sich Leutnant Tiemens mit dem bei Jefna in Tunesien eingesetzten Korps-Fallschirm-Pionierbataillon in Verbindung gesetzt. Bei einem nächtlichen Kompanieappell teilte er dies seinen Männern mit. Zugleich verwies er darauf, dass man von hier, also von Gabes aus, mit einem besonderen Marschbefehl auch wieder zum alten Bataillon kommen könne.

Es zeugt von dem einmaligen Korpsgeist der Fallschirm-Pioniere, dass keiner dieses Resthäufleins von der Möglichkeit eines Lazarettaufenthaltes oder eines Erholungsurlaubs in Deutschland Gebrauch machte. Alle, ohne Ausnahme, fanden sich nach kurzer Zeit beim Bataillon ein. Keiner wollte fort von seinem „alten Haufen", von seinen Kameraden. Das Bataillon war ihnen in diesen schweren Zeiten zur Heimat geworden!"

Nun zurück zu den Ereignissen in Tunesien und dem Bericht von Rudolf Witzig über den Einsatz seines Bataillons.

Am 15. Februar 1943 kam Oberleutnant Hardt, Chef der 4. Kompanie beim Räumen eigener, z. T. gegen Wiederaufnahme gesicherter Minen im Sedjenanetal zu Tode. Sprengen sollte vermieden werden, weil es dem Feind unsere Absicht hätte verraten können. Der Weg sollte für Angriffsabsichten der Division von Manteuffel freigemacht werden. Ein schwerer Verlust für das Bataillon. Schon im Dezember 1942 traf mich ein tödlicher Unfall durch eigene S-Minen besonders hart: Wir hatten zur Verhinderung von Überfällen auf Gefechtsvorposten und Artilleriebeobachter Drahtminensperren um den Gipfel des Djebel Ajred südlich der Jefna-Stellung verlegt. Die Wege für eigene Soldaten waren markiert, die Benutzer eingewiesen. Dennoch geriet der Chef der 10 cm-Batterie, welche uns schon nach Djebel Abiod begleitet hatte, beim Besuch seiner Beobachter vom Wege ab und wurde durch S-Minen getötet. Es war der Hauptmann Elson, mein Hörsaalkamerad von der Kriegsschule Dresden im Jahr 1936.

Am 25. Februar 1943 wurde Oberleutnant Braun verwundet. Die sehr klein gewordene 2. Kompanie war nun ohne Offiziere, sie wurde auf die anderen Kompanien aufgeteilt.

Am 26. Februar 1943 trat die Division von Manteuffel gleichzeitig mit dem Vorstoß der Tunisarmee und der Reste des Afrikakorps auf Medjes el Bab zum Angriff nach Westen an, und zwar entlang und beiderseits der Straße Jefna – Sedjenane. Ich führte mit unterstellten kleinen Einheiten, vermutlich des Bataillons T 3, nördlich parallel den Angriff im Verlauf des Sedjenanetals, wo Oberleutnant Hardt zuvor unsere Minen geräumt hatte. Der Vormarsch der Division stockte vor dem Ort Sedjenane, während wir gut vorankamen, eine französisch besetzte Bergstellung räumten und nördlich Sedjenane einen englischen Gegenangriff zurückschlugen. Am Nachmittag befahl der Divisionskommandeur durch Melder, ich sollte sofort von Norden her Sedjenane angreifen, doch konnte ich einen Tagesangriff über die offenen Hänge wegen des Fehlens schwerer Waffen nicht riskieren. Nach Einbruch der Dunkelheit griffen wir ohne eigene Verluste an und nahmen den Ort ein. Viele Engländer wurden gefangengenommen und sogar zwei Kampfpanzer erbeutet.

Am 8. März 1943 erlitt das Bataillon beim Angriff von Sedjenane nach Westen hohe Verluste. Teile der 1. und 4. Kompanie gerieten in Gefangenschaft, dabei die schon in Eben Emael 1940 und auf Kreta 1941 hoch bewährten Oberfeldwebel Biedermeier und Leutnant Wenzel. Hier befahl Generalmajor von Manteuffel, der dazu weit nach vorn gekommen war, persönlich den frontalen Angriff beiderseits der Straße gegen die englische Stellung. Mein Vorschlag, nördlich umfassend anzugreifen, drang nicht durch. Noch höre ich seine Worte: „Zwei Ritterkreuzträger hat die Division, einer davon sind Sie!" (Er war der andere.)

Bei dem erfolgreichen Angriff der 3. Kompanie auf die Mine Tamera im Bergland links der Vormarschstraße, die im Nahkampf gegen britische Fallschirmjäger genommen wurde, erlitt der bewährte Zugführer Feldwebel Meist eine schwere Verwundung. Der Division gelang zwar der Vorstoß bis zum Viadukt vor Djebel Abiod, doch fehlten zum Halten die Kräfte. Schrittweise zog sie sich wieder bis zur der alten Jefna-Stellung zurück.

Das stark geschwächte Korps-Fallschirm-Pionierbataillon war nach dem 8. März 1943 fast nur noch für örtliche Gegenangriffe als Divisionsreserve und für Mineneinsätze im Divisionsbereich zu verwenden. Seitdem hatte ich auch dafür gesorgt, dass genesende Soldaten und Urlauber nicht mehr zurückkamen, sondern sich beim Nachkommando des Bataillons in Wittenberg sammelten. Das Ende in Afrika war abzusehen.

Es mag verwundern, dass ich solche Maßnahmen treffen konnte, die eigentlich nicht zu den Befugnissen eines Bataillonskommandeurs gehörten. Dazu ist eine Erklärung nötig. Schon mein Flug zum Oberbefehlshaber Süd Anfang September 1942 erscheint sonst zum mindesten als ungewöhnlich.

Das Korps-Fallschirm-Pionierbataillon war als Korpstruppe sehr selbstständig. Vorgesetzt war der meist sehr ferne Kommandeur der Korpstruppen oder der Korpskommandeur. Wurde das Bataillon zum Einsatz einem Truppenverband unterstellt, wie in Tunesien der Division von Manteuffel, so war dessen Aufgabe die Kampfführung und Versorgung mit Verbrauchsgütern wie Verpflegung, Munition und Kraftstoff. Für Personalersatz, Ausbildung und Ausrüstung, z. B. mit Waffen, Pioniergerät und Kraftfahrzeugen blieb das Fallschirmkorps zuständig. Obendrein war die vorgesetzte Division in Tunesien ein Heeresverband, wir aber gehörten zur Luftwaffe. So konnte sie zwar Soldaten oder auch Einheiten zum Korps-Fallschirm-Pionierbataillon kommandieren, das heißt nur für bestimmte Aufgaben unterstellen, sie konnte aber keinen Soldaten zum Korps-Fallschirm-Pionierbataillon versetzen. Das I. Fallschirmkorps nahm nach dem Abmarsch des Bataillons nach Afrika keinen erkennbaren Einfluss mehr auf unser Schicksal. So war ich oft zum Handeln aus eigener Initiative gezwungen, wenn dies zum Wohl des Bataillons und seiner Angehörigen erforderlich war.

Schließlich bestand in der alten Fallschirmtruppe ein besonderes Vertrauensverhältnis zwischen dem späteren Generaloberst Student, dem Gründer dieser Truppe, und seinen Kommandeuren, welches dem einen das „Führen am langen Zügel“ gestattete, die anderen aber, auch wenn sie weit entfernt eingesetzt und einzeln fremden Verbänden unterstellt waren, zu loyalem und verantwortungsbewusstem Handeln verpflichtete. In diesem speziellen Fall also war der Schluss zu ziehen, lieber das Nachkommando in Wittenberg zu stärken und die Schwächung des Bataillons in Tunesien in Kauf zu nehmen.

Wieder zurück zu den Ereignissen im April 1943:

Am 24. April 1943 wurde das vielleicht noch 150 Mann zählende Bataillon zu einem Gegenstoß auf den von Amerikanern besetzten Djebel Dardyss angesetzt, nördlich des Sedjenane-Baches, ca. 12 Kilometer nordnordwest von der Jefna-Stellung.

Der Feind war in großer Überzahl. Wir wurden abgeschlagen und nur mit List gelang die Lösung vom Feind. Die ganze Einheit wurde in Reihe hintereinander durch das dichte Gestrüpp aus der Umklammerung herausgeführt.

Bis zum 1. Mai 43 zogen wir uns schrittweise zurück, die „Kampfgruppe Witzig“ mit dem Rest des Korps-Fallschirm-Pionierbataillons, dem Rest der „Deutsch-Arabischen-Lehrabteilung“ und einer unterstellten Bewährungskompanie, von uns die „Schwarzschlächter“ genannt. Die letzte Stellung verlief über die Höhen Fiddadam bis Kef en Nsour, ca. 10 Kilometer nördlich des Jefna-Passes.

Am 1. Mai brachen die Amerikaner endgültig nach Osten in Richtung Bizerta durch. Die Division zog sich nach Südosten zurück und gab Mateur auf. Das Bataillon wurde herausgezogen und als „Baukompanie“ eingesetzt.

Am 6. Mai befahl Generalmajor Bülowius, Divisionskommandeur nach dem erkrankten Generalmajor von Manteuffel, dass der Rest des Bataillons versuchen sollte, aus Afrika herauszukommen. Die Gefechtsstärke bestand noch aus 2 Offizieren, Leutnant Heise und mir, 4 Unteroffizieren und 27 Mann, die Gesamtstärke mit Tross, Sanitätsgruppe und Lazarettkranken lag bei ca. 90 Mann. Ein geordneter Rücktransport war in Anbetracht der alliierten See- und Luftbeherrschung nicht mehr möglich, doch gelang es vielen, sich durchzuschlagen.

Ich erhielt den Befehl, mich mit anderen dazu bestimmten Offizieren auf einem Motorboot des Verbandes „z. b. V. Brandenburg“ einzuschiffen, und erreichte Trapani/Sizilien am 10. Mai 1943.

Im Verlauf des Tunesien-Feldzuges 1942-43 ergaben sich in der Führung der Kompanien folgende Veränderungen, siehe die Zusammenstellung von Unterlagen der WAST, Berlin (Wehrmacht-Auskunftstelle):

1. Kompanie: Oberleutnant Ernst (sprungverletzt, blieb in Deutschland) – Oberleutnant Hünichen(verwundet) – Leutnant Kubillus(verwundet) – Leutnant Wenzel (gefangen bei Sedjenane)

2. Kompanie: Oberleutnant Tietjen (gefangen in Libyen) – Leutnant Tiemens (wird Adjutant) – Oberleutnant Braun(verwundet)
3. Kompanie: Oberleutnant Friedrich (krank) – Leutnant von Albert (verwundet)
4. Kompanie: Oberleutnant Hardt (gefallen durch Mine)
Stab: Hauptmann Elbert, seit Februar 1943 beim Stab, wurde Führer der zusammengelegten Restkompanien, wurde verwundet in der letzten Stellung und verstarb im Lazarett Michaud bei Mateur.
Arzt: Oberarzt Dr. Holzmeister löste Stabsarzt Dr. Illing ab.

Über unsere jeweiligen Gegner hatten wir sehr wenig erfahren; sie wechselten häufig, während wir im gleichen Raum blieben. Spähtrupps mit und ohne Minen, auch arabische Kundschafter, brachten genügend Kenntnis über feindliche Positionen. Da blieb für Namen und Verbandsbezeichnungen kein Raum; wir mussten sowieso mit jedem Gegner fertig werden. Dagegen waren unsere englischen Gegner nach Zahl und Dienstgraden weit besser mit Offizieren ausgestattet als wir. Sie hatten, während wir aus dem Improvisieren nicht herauskamen, Zeit und Kräfte sich mit dem von ihnen liegenden Feind zu befassen. Oft hatten wir von englischen Gefangenen erfahren, dass sie unser Bataillon, sogar den Kommandeur kannten; sicher manchmal zu unserem Vorteil: Sie hatten vor uns einigen Respekt. Mit gefangenen Engländern, gleich welchen Dienstgrades, ließ sich, nachdem der Schock überwunden war, unbefangen reden. Sie verstanden den Krieg zwischen unseren Ländern letztlich ebensowenig wie wir. Doch gab mir ein persönliches Erlebnis zu denken: Es war wohl am 1. Dezember 1942 nach dem schweren Nachtgefecht auf dem Djebel Ajred(„Petritschberg") südlich der Jefna-Stellung, als ich vor der Stellung einen sterbenden englischen Soldaten traf. Seine letzten Worte waren: „Heil Hitler, heil Hitler, heil..." Offenbar war ihm und seinen Kameraden eingeredet worden, nur so könne ein Verwundeter sein Leben retten, wenn er in unsere Hände fällt. Auswüchse der alliierten Hasspropaganda gegen Deutschland. Einer unserer Gegner war der spätere Generalmajor John Frost, damals Oberstleutnant und Kommandeur des britischen Parachutist-Batalion 2. Er beschreibt das in seinem Buch „A drop too many" (Great Britain, Cassell u. Co., 1980) die „Schlacht von Tamara" (Tamara ist ein kleiner Ort zwischen Sedjenane und Djebel Abiod). Wir – wie auch das Regiment Barenthin – hatten auf ihn großen Eindruck gemacht, obgleich das Korps-Fallschirm-Pionierbataillon gerade vor dem Auftreten des Parachutist-Batalion 2 bei Sedjenane nachhaltig geschwächt worden war. Auch er war erstaunt, bei uns auf anständige Soldaten mit menschlichem Verhalten zu treffen und baute vorher genährte Hassgefühle ab.

Bei uns waren die Kompanien von vornherein nur durch Oberleutnants geführt und bald stand nur noch ein Leutnant je Kompanie zur Verfügung. Doch wurde der Mangel an Offizieren durch sehr gute Unteroffiziere ausgeglichen, wir hatten hervorragende Feldwebel als Zugführer. Neben der guten Ausbildung und Motivation aller Dienstgrade, hatte die uns so selbstverständliche Auftragstaktik uns gewiss manchen Vorteil gegenüber unseren englischen Gegner verschafft, auch dadurch, dass sie

Nachwuchsführungskräfte rascher heranwachsen ließ. Zusammenfassend darf gesagt werden, dass in unserem Raum Nordtunesien die Engländer harte und ausdauernde Gegner waren, und sie haben unsere Gefangenen anständig behandelt. Darüber ist bei John Frost manches nachzulesen.

Es ist notwendig auch über die helfenden Teileinheiten des Bataillons zu berichten, die bei der Aufzählung von Kampfhandlungen zu kurz kamen, aber zum Gelingen so wichtig waren, wie die Kampftruppe selbst. Stets beteiligt war der Nachrichtenzug unter Leutnant Heise. Funktrupps und Feldkabeltrupps hatten in allen Lagen ihre Aufgabe erfüllt. Unglaublich geradezu war die Fernsprechverbindung aus meinem Schützenloch im Kaktusbusch vor Djebel Abiod zum Generalfeldmarschall Kesselring in Italien, die unser Nachrichtenzug etwa am 20. November 1942 über das Bahnnetz zustande brachte. Der Truppenverbandsplatz mit Stabsarzt Dr. Illing, nach ihm Oberarzt Dr. Holzmeister, Sanitätsfeldwebel Kaufmann und Wenzel hatten das Bataillon durch alle Gefechte begleitet und nach besten Kräften versorgt. Jeder Soldat wusste, dass er im Notfall in gute Hände kam. Auch die Feldfriedhöfe bei Djebel Abiod („Schweinefarm") und in Recoub hinter der Jefna-Stellung wurden vom Truppenverbandsplatz eingerichtet und betreut. Nach dem Kriege wurden unsere Gefallenen nach Mateur umgebettet. Auch dieser Friedhof ist inzwischen aufgelöst, alle deutschen Gefallenen aus Tunesien wurden auf dem zentralen Soldatenfriedhof Bordj Cedria bei Tunis zusammengeführt.

Inspektor Maltan war Leiter der Truppenverwaltung, Abteilung IV a. Wir nahmen es alle ganz selbstverständlich hin, dass Verpflegung, Bekleidung und Feldpost da waren. Der pünktlich eintreffende Wehrsold war weniger wichtig, es gab ja fast nichts zu kaufen. Bei den beschränkten Nachschubmöglichkeiten war dazu viel Improvisation nötig. Doch nie haben uns Truppenverwaltung, die Hauptfeldwebel der Kompanien und die Feldküchen im Stich gelassen. Sie verstanden ihr Geschäft und haben selbstständig gearbeitet. Das gleiche galt für die Versorgung mit Waffen und Gerät, mit Munition aller Art, mit Minen, Spreng- und Zündmitteln, mit Kraftfahrzeugen und Kraftstoff. Das Nötige war eben da. Darum haben sich Waffeninspektor Schubert, Oberfeuerwerker Plewe, nach seiner Verwundung Oberfeuerwerker Graupner und Kfz.-Oberleutnant Schobert gekümmert. Von ihrem Stützpunkt beim Flugplatz Bizerta aus haben sie uns gut versorgt; Kommandeur und Kompanieführer konnten sich ohne Nachschub- und Verwaltungssorgen ihren Führungsaufgaben widmen.

Nach meiner Rückkehr aus Afrika fuhr ich direkt nach Wittenberg – mit kurzer Unterbrechung in Steinach am Brenner, dem Wohnort unseres Bataillonsarztes Dr. Holzmeister, um die Eltern, Sanitätsrat Dr. Holzmeister, zu unterrichten, dass ihr Sohn wahrscheinlich in Gefangenschaft geraten sei. Doch kam schon nach wenigen Tagen zu meiner großen Freude von dort die Nachricht, dass sowohl Dr. Holzmeister als auch Leutnant Heise glücklich entkommen waren. Ihre Flucht war recht abenteuerlich.

In Wittenberg verschaffte ich mir alsbald einen Überblick über das, was vom Bataillon übrig geblieben war, und meldete mich Mitte Mai 1943 bei Generaloberst

Student in seinem Hauptquartier in Nimes. Er sagte – recht ernüchternd – er habe gleich gewusst, dass mein Bataillon nicht wiederkäme, als es nach Tunesien ging. Dennoch, der wieder versammelte Stamm war beachtlich und das Fallschirmarmee-Oberkommando stimmte der Neuaufstellung, damit der Zuführung von Personal und Material zu. Ich aber sollte zunächst einen Bataillonsführerlehrgang leiten. Im Sommer 1943 waren ca.15 Majore und Oberstleutnante, Reserveoffiziere der Luftwaffe, auf die Übernahme von Bataillone in Luftwaffenfelddivisionen vorzubereiten. Die Aufgabe war für mich nicht leicht. Zwar hatte ich mit einigem Erfolg mein Bataillon in Wittenberg aufgestellt und in Tunesien geführt, doch war ich als Taktiklehrer nicht geschult und konnte nur wenig Erfahrungen in der Zusammenarbeit mit schweren Waffen vermitteln. In Mourmelon und la Courtine, Truppenübungsplätzen in Mittelfrankreich, standen Soldaten und Gerät für die infanteristische Grundausbildung und die Führung von Zug und Kompanie zur Verfügung. Die Bataillonsführung konnte nur theoretisch behandelt werden. Ein Teilnehmer meines Lehrgangs, Staatsanwalt von Beruf und Oberstleutnant der Reserve, kam bei der Ausbildung „Überrollen durch Panzer in einem Deckungsloch" ums Leben; er hatte den Kopf herausgestreckt.

Alle aus Afrika zurückgekommenen Bataillonsangehörigen, Urlauber, aus Lazaretten Entlassene und Genesene, die nicht mehr nach Tunesien geschickt worden waren, sammelten sich seit März 1943 beim Restkommando des Bataillons, das Oberleutnant Weber in Wittenberg führte. Im Sommer 1943 stand wieder ein guter Stamm zur Verfügung. Alsbald begann die Neuaufstellung, Personalersatz und Material wurde zugeführt und wieder wurde intensiv ausgebildet. Die feierliche Vereidigung der Rekruten auf dem Wittenberger Sportplatz und ein Vorbeimarsch des Bataillons vor dem Rathaus, abgenommen durch den Bürgermeister, den Stadtkommandanten und den Kommandeur waren die Höhepunkte.

Während der Sommermonate 1943 war dem Bataillon auch eine Abteilung von etwa 60 Arabern unter der Führung von Hauptmann Reil zur Ausbildung unterstellt. Sie gehörten zu einem „Regiment z. b. V.", das heisst zur besonderen Verwendung und waren für einen geheimen Einsatz im Vorderen Orient vorgesehen. – Was daraus geworden ist, haben wir nicht erfahren.

Im September verlegte das Bataillon nach Evreux, etwa 80 Kilometer nordwestlich von Paris, dann in den Raum Ecy sur Eure / Ivry la Bataille und später nach Moulins sur Allièr, südlich von Clérmont-Ferrand.

Der Grundausbildung folgten Verbandsübungen: Übersetzen über die Seine, Gefechtsschießen bis zur Kompanie in freiem Gelände, Sprungausbildung in Dreux. Kaum waren die Kompanien einsatzbereit, wurden etwa 600 Rekruten zusätzlich zugeteilt. Jeder Kompanie wurde zur Ausbildung eine „B-Kompanie" angegliedert, eine erhebliche Belastung. Dabei war völlig unklar, wie sich das nun einsatzfähige Bataillon im Alarmfall herauslösen sollte. An den Einsatzgrundsätzen hatte sich weiterhin nichts geändert. Das Bataillon beherrschte Minenkampf, Sturmpionieraufgaben und leichten Behelfsbrückenbau und wie bisher das Infanteriegefecht ohne schwere

Waffen. Schweres Pioniermaterial stand nicht zur Verfügung. Auch hatten wir nur die notwendigsten Kraftfahrzeuge. Das Bataillon war wieder voll sprungfähig. Das I. Fallschirmkorps, dessen Korps-Pionierbataillon wir doch eigentlich waren, lag in Italien. Das entstehende Fallschirm-Armeeoberkommando hatte andere Sorgen. Sogar die Kommandierung des Offiziersnachwuchses zur Pionierschule des Heeres lag in unserer Hand.

In Moulins wurde das Korps-Fallschirm-Pionierbataillon in I./Fallschirm-Pionierregiment 21 umbenannt. Ein Regimentsstab wurde nicht aufgestellt, der Bataillonsstab übernahm dessen Aufgaben, soweit erforderlich zusätzlich. Das Fallschirm-Pionierersatzbataillon in Decize, ca. 50 Kilometer von Moulins entfernt, Kommandeur Major Rosenbruch, wurde II./Fallschirm-Pionierregiment 21. Es wurde meiner Dienstaufsicht unterstellt und jetzt als Einsatzbataillon ausgebildet. Die „B-Kompanien", die das Bataillon schon aus Ecy mitgebracht hatte, blieben weiter beim Bataillon. Sie wurden erst im Juni 1944 unter Major Kenzian zum III./Fallschirm-Pionierregiment 21 zusammengefasst, ebenfalls in Decize.

Die Unterstellung des II. und III. Bataillons endete mit dem Abmarsch des I./Fallschirm-Pionierregiments 21 nach dem Osten Anfang Juli 1944. Das II. Bataillon wurde wieder Fallschirm-Pionierersatz- und Ausbildungsbataillon 1 und verblieb vorerst in Mittelfrankreich, das III. Bataillon wurde Fallschirm-Pionierersatz- und Ausbildungsbataillon 2 und verlegte im Juli 1944 nach Güstrow.

Befehlsgrundlage für die Umbenennung des Korps-Fallschirm-Pionierbataillons und die Unterstellung des Fallschirm-Pionier-Ersatzbataillons des Major von Kenzian war die Verfügung „Fsch. AOK, Qu/Ib, 532/44 geh. Kdos. vom 25. April 1944". Der Wortlaut ist nicht bekannt, die Verfügung ging verloren. Es war auch nicht mehr festzustellen, warum die Umbenennung im Herbst 1943 auf Grund eines Befehls vom April 44 erfolgte. Ein Fehler im Datum oder eine falsche Angabe der Verfügung oder ein Vorgriff des Fallschirm-Armeeoberkommandos auf künftige Absichten? Die Angaben bei Tessin: „Verbände und Truppen der deutschen Wehrmacht und Waffen-SS 1939-1945, die Landstreitkräfte", Seite 15-30, zum Fallschirm-Pionierregiment 21 sind nicht richtig. Es mag jedoch stimmen, dass Tessin die Unterlagen des Oberkommandos der Luftwaffe richtig wiedergibt, während das Fallschirm-Armeeoberkommando anders organisiert hat. Jedenfalls passte die Umbenennung des Korps-Fallschirm-Pionierbataillons in I./Fallschirm-Pionierregiment 21 in den Rahmen der Ausweitung der Fallschirmtruppe. Eine Armee brauchte als Armeetruppe auch ein Pionierregiment, also ebenso die Fallschirm-Armee; wenn auch sicher nie an einen geschlossenen Einsatz einer solchen Armee und entsprechende Pionierschwerpunkte gedacht war. Aber selbstständige Pionierbataillone konnten die Fallschirm-Armee leicht, wie unser Beispiel beweist, als Kampftruppenreserve verwenden. So war es in Afrika und so kam es wieder in Litauen und Ostpreußen, im Grunde zum Schaden der Truppe, denn als Kampftruppe waren wir unzureichend ausgebildet und falsch ausgerüstet. Wir hatten unsere Pionieraufgaben, z. B. den Minenkampf, meist in Ruhezeiten ausgeführt, wenn die Kampftruppen Zeit zur

Auffrischung hatten oder wenn wir gerade Einsatzreserve waren. Die Stellenbesetzung des Korps-Fallschirm-Pionierbataillons im Winter 1943/1944:

Stab

Kommandeur .... Major Witzig
Adjutant .... Leutnant Tiemens
Nachrichtenoffizier .... Leutnant Heise
Hauptmann beim Stab .... Hauptmann Kindler
Bataillonsarzt .... Stabsarzt Dr. Thoene
Abt. IV a .... Oberzahlmeister Maltan und Grölle
Waffen und Gerät .... Oberinspekteur Schubert
Kfz.-Offizier .... Oberleutnant Schobert
Pionier-Gerät und Munition .... Oberfeuerwerker Graupner

1. Kompanie
Leutnant Kubillus
Feldwebel Offiziersanwärter Fromme
Oberfeldwebel Drucks
Oberfeldwebel Binder
Hauptfeldwebel Matzke

2. Kompanie
Oberleutnant Walter
Oberfeldwebel Herden
Feldwebel Mahnke
Hauptfeldwebel Seifahrt

3. Kompanie
Hauptmann Friedrich
Oberleutnant von Albert
Feldwebel Offiziersanwärter Huff
Feldwebel Knatz
Feldwebel Herrbroich
Hauptfeldwebel Jenal

4. Kompanie
Oberleutnant Gasteyer
Leutnant Schürmann
Oberfeldwebel Kastl
Oberfeldwebel Bos
Feldwebel Beck
Hauptfeldwebel Wenhardt

Einen weiteren Anhalt gibt die Geburtstagsliste der Offiziere und Offiziersanwärter, die im Anhang enthalten ist.

Mit Partisanen hatten wir erst ab Herbst 1943 in der Umgebung von Moulins zu tun. Es gab vorerst keine ernsthaften Gefechte.

Sicherungsmassnahmen wurden erforderlich, manchmal war ein Gelände zu durchkämmen.

Die Ausbildung zog sich in die Länge, die Disziplin litt. So hatte ich einmal in der Nacht das ganze Bataillon alarmiert, alle Kompanien mit voller Ausrüstung am Mann einschließlich Offiziere absolvierten einen kriegsmäßigen 50 Kilometermarsch, nicht nur zur Abschreckung der Partisanen.

Im Mai 1944 erlebte das Bataillon die ersten Bombenangriffe. Die 4. Kompanie verlor durch Bomben auf ihre Unterkünfte in Mailly la Camp in der Nähe von

Der nicht geflutete Canal Nord mit Pak, MG und Scheinwerferbunker. Man beachte die schöne Beschriftung im Fotoalbum des damaligen Besuchers.

Nach Abschluss der Kämpfe fanden sich die Fallschirmjäger zu einem Gruppenbild zusammen.

Nach dem Fall von Eben Emael rückten die Fallschirmjäger wieder ab in die Heimat.

Rudolf Witzig hatte mit seiner Sturmgruppe „Granit" großen Anteil an der Eroberung des Forts.

Im Fort waren große Munitionsvorräte gelagert, hier ein Bunkergang mit aufgereihten 12 cm-Granaten für die schweren Doppelgeschütze in den großen Kuppeln.

Ein deutscher Offizier betrachtet nachdenklich die Gräber gefallener Belgier nahe des Forts.

Auch die deutschen Fallschirmjäger hatten Verluste zu beklagen. Ihnen zu Ehren wurde an der Spitze ein Gedenkkreuz auf rundem Sockel errichtet. Heute ist nur noch der Sockel zu erkennen.

Auch außerhalb des Forts hatten die Belgier Gebäude errichtet, die für den Betrieb des Forts gebraucht wurden. Brachte der hier zurückgelassene Wagen „Eben Emael" das tägliche Baguette?

Deutsche Fallschirmjäger rücken in Maastricht ein, dass bereits die Waffen gestreckt hat.

Der erfolgreiche Einsatz der Fallschirmjäger bei der Eroberung des strategisch wichtigen belgischen Forts Eben Emael veranlasste Adolf Hitler dazu, den Fallschirmjägern im Mai 1940 persönlich die Ritterkreuze zu überreichen.

Hitler erkundigte sich nach Details des Angriffsverlaufes und der Wirkungsweise der eingesetzten Waffen. Hier im Gespräch mit Meissner, Witzig und Koch, dem Führer der gleichnamigen Fallschirmjäger-Sturmabteilung „Koch".

Gruppenbild der frisch ausgezeichneten Fallschirmjäger der Sturmabteilung Koch. Von links Leutnant Delica, Oberleutnant Witzig, Hauptmann Koch, Oberleutnant Zierach, Hitler, Leutnant Ringler, Leutnant Meissner, Oberleutnant Kiess, Oberleutnant Altmann, Oberarzt Dr. Jäger.

Bei einer Feierstunde:
Delica, Zierach, Altmann und Major Koch.

Belgische und niederländische Truppen haben sich ergeben, hier ein Bild mit den aufgereihten Waffen der Gegner.

Kapitulationsverhandlungen in Rotterdam.

Rudolf Witzig wurde zum Hauptmann befördert und erhielt, wie die anderen 8 Kameraden gleichzeitig das Eiserne Kreuz I. und II. Klasse sowie das Ritterkreuz.

Oberleutnant Gustav Altmann, Führer der Gruppe „Stahl", letzter Dienstgrad Major.

Leutnant Egon Delica, stellvertretender Führer der Gruppe „Granit", erhielt am 26. Dezember 1943 das DKiG, sein letzter Dienstgrad in der Bundeswehr war Oberstleutnant.

Oberarzt Dr. Rolf Jäger, letzter Dienstgrad Oberstabsarzt.

Major Walter Koch, Führer der ganzen Sturmabteilung, erhielt noch am 31. März 1942 das DKiG. Er verstarb am 27. Oktober 1943 in Berlin an den Folgen eines Unfalls. Letzter Dienstgrad Oberstleutnant.

Oberleutnant Walter Kiess, Chef des Lastenseglerkommandos. Letzter Dienstgrad in der Bundeswehr: Oberstarzt.

Leutnant Joachim Meissner, Führer der Gruppe „Eisen", fiel am 25. Juli 1944 in der Normandie, sein letzter Dienstgrad war Hauptmann.

Leutnant Helmut Ringler, Halbzugführer in der Gruppe „Stahl", sein letzter Dienstgrad war Hauptmann.

Oberleutnant Otto Zierach, Ia der Sturmabteilung Koch, sein letzter Dienstgrad war Major.

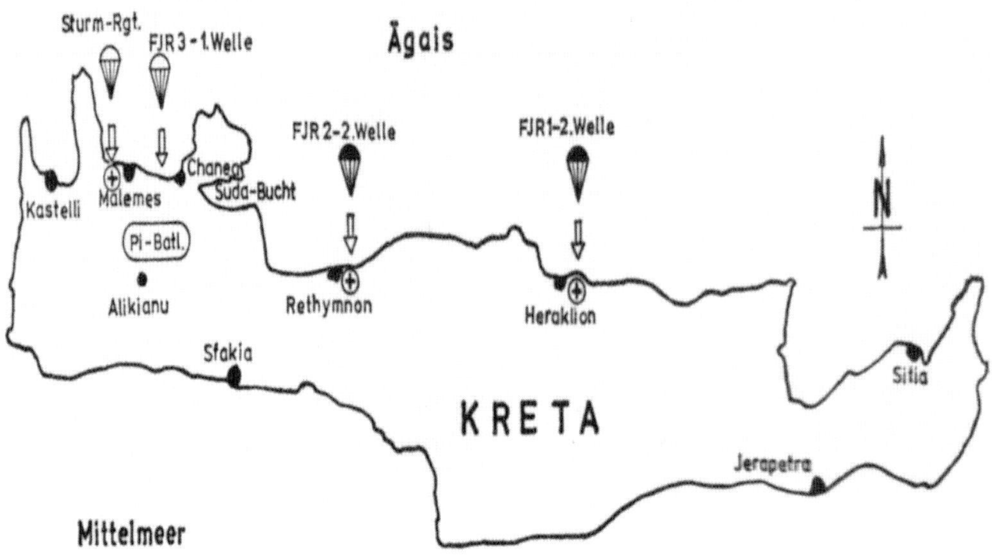

Als Abschluss der Frühjahrskämpfe auf dem Balkan, wurde die Eroberung von Kreta befohlen, um den weiteren Ausbau des englischen Stützpunktes auf der Insel Kreta zu verhindern.

Der Flugplatz Maleme war das strategisch wichtigste Ziel. Erst mit dessen Eroberung, war es möglich, weitere Truppen auf dem Luftweg heranzuschaffen. Rudolf Witzig wurde bereits beim Absprung auf dem Flugplatz schwer verwundet und kam in Kreta nicht mehr zum Einsatz.

Eine Fotomontage zeigt das Absetzen von Fallschirmjägern aus der Luft und den darauffolgenden sofortigen Angriff sehr anschaulich.

Der Flugplatz Malemes wurde trotz des gegnerischen Feuers von den tapferen Ju 52-Piloten angeflogen, die Verstärkung und Nachschub brachten, jedoch große Verluste erlitten.

Auch auf Kreta wurden Lastensegler eingesetzt, hier an der Brücke von Tavronitis.

Gedenktag am Denkmal von Korinth.

Rudolf Witzig, nach fast einem Jahr Lazarettaufenthalt wieder genesen, begrüsst eine Abordnung von Fallschirmjägern.

Major Rudolf Witzig in seiner Heimatgarnison. Er hatte die Aufgabe übernommen, das Korps Fallschirm-Pionierbataillon aufzustellen, das nach Abschluss der Ausbildung nach Tunesien überführt und dort zum Einsatz kam.

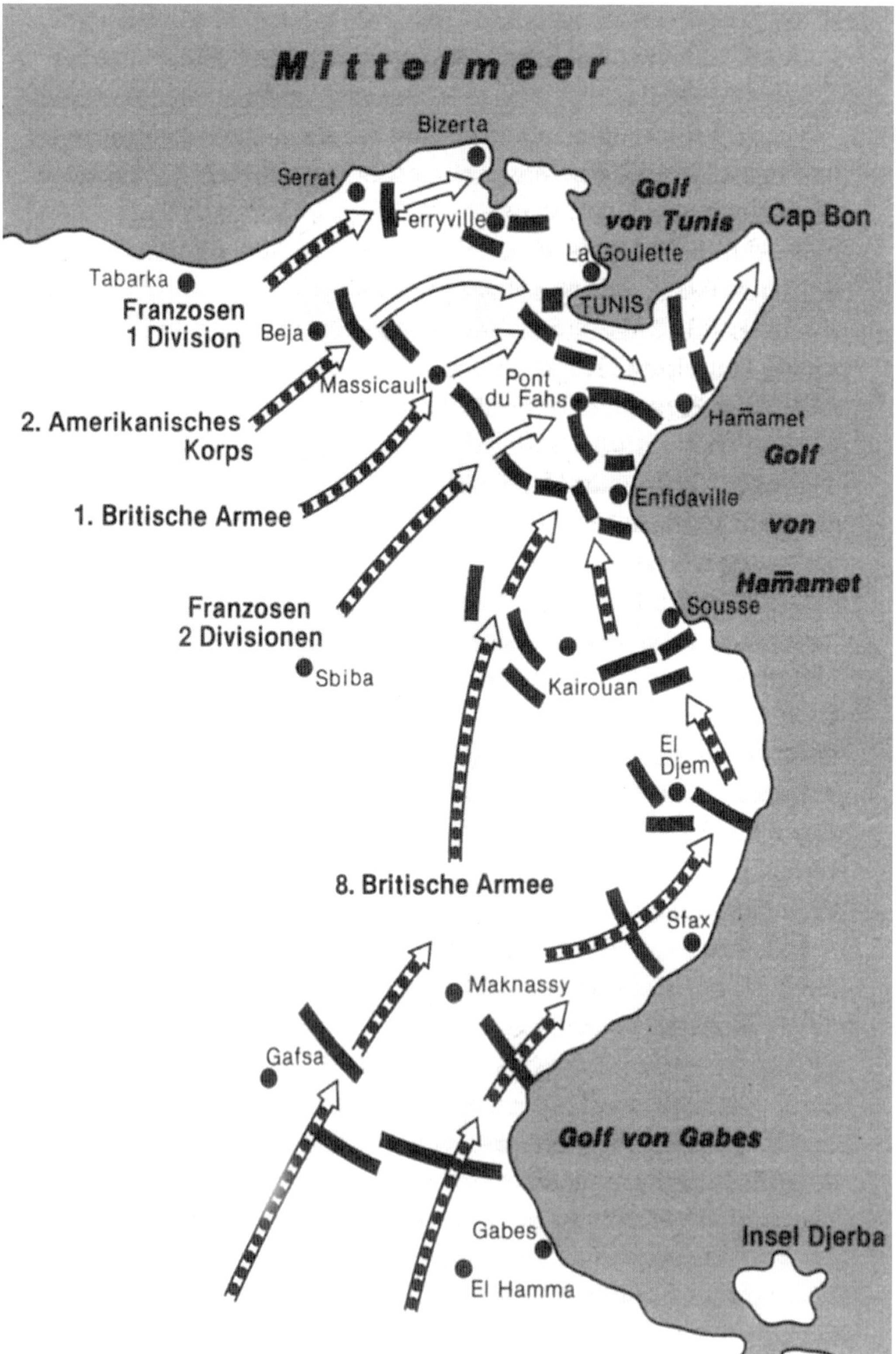

Die deutsch-italienischen Truppen der Panzerarmee Afrika mussten sich nach Tunesien zurückziehen. Gleichzeitig landeten amerikanische Truppen in Algerien und stießen auf Tunesien vor. Um nicht ganz Afrika zu verlieren, wurden ab November 1942 nach Tunesien laufend neue Verbände überführt.

Moulins 4 Tote, 18 Verwundete und 1 Vermissten. Ein bedeutenderes Gefecht mit Partisanen fand am 18. Juni 1944 in St. Amand statt, ca. 60 Kilometer westlich von Moulins. Dort hatten Partisanen nach Beginn der Invasion ein Bataillon der Vichy-Regierung erfolgreich bekämpft und sich selbstständig gemacht.

Dem wurde ein schnelles Ende bereitet, hierzu mein Bericht.

Die Kämpfe bei St. Amand 1944 und die Folgen

Die Kämpfe bei St. Amand 1944

Wer dabei war, weiß, was gemeint ist. In Ermangelung des Kriegstagebuches und eigener Aufzeichnungen schrieb ich über die Aktion von 1944 aus dem Gedächtnis. Uns schien sie, da weder verlustreich, noch sehr zeitraubend, zwischen den großen Gefechten nicht sehr bemerkenswert; das wurde sie erst nach dem Kriege!

Im Frühjahr 1944 lag das I./Fallschirm-Pionierregiment 21, das frühere Korps Fallschirm-Pionierbataillon unter meinem Kommando in Moulins in Mittelfrankreich. Wir waren beschäftigt mit Neuaufstellung, Ausbildung und auch mit der Abwehr von Partisanen. In der weiteren Umgebung gab es sonst keine kampfkräftigen Verbände. Das Fallschirm-Pionierersatzbataillon in Decize war mir als II./Fallschirm-Pionierregiment 21 unterstellt, wobei mein Stab zugleich die Aufgaben des nicht vorhandenen Regimentsstabes wahrnahm.

Der Partisanenkampf forderte Aufmerksamkeit, beschränkte sich aber meist auf kleinere Unternehmungen, die von einzelnen Kompanien ausgeführt wurden. Nach Beginn der Invasionsschlacht an der Kanalküste aber fühlten sich die Partisanen auch in unserem Raum stark genug, sich von der Vichy-Regierung – die mit Deutschland vertraglich verbunden war – und von der deutschen Besatzungsmacht zu lösen.

So hatten sie in St. Amand, ca. 60 Kilometer westlich von Moulins, die Gewalt an sich gerissen, obgleich dort ein Bataillon der Vichy-Miliz in Garnison lag.

Das I./Fallschirm-Pionierregiment 21 erhielt den Befehl, diesen Aufstand zu beenden und wieder friedliche Verhältnisse herzustellen.

Da unsere Motorisierung für den erforderlichen Landmarsch des Bataillon nicht ausreichte, wurden uns requirierte Holzvergaser-Omnibusse mit Fahrern zur Verfügung gestellt. Es gab keinen Zweifel, dass allein diese Tatsache die Partisanen schnell über unsere Absichten ins Bild setzte. Von einer Überraschung, von der wir so gerne Gebrauch machten, konnte keine Rede mehr sein.

Am Vormittag des 18. Juni 1944 traf das Bataillon vor St. Amand ein. Die Kompanien saßen ab und gingen beiderseits umfassend gegen das Städtchen vor mit dem Auftrag, sich nach dem Aufräumen etwa auf dem Marktplatz zu treffen.

Die meisten Partisanen hatten rechtzeitig das Weite gesucht, sie hatten geringe Verluste, mein Bataillon keine. Jedoch wurde ein überstürzt verlassenes Ausrüstungslager gefunden. Ein Rucksack daraus hat mich später noch auf manchen Bergtouren begleitet.

Ein Zwischenfall ereignete sich auf dem Marktplatz:

Während ich mit dem Polizeichef vor dessen Station zur Wiederherstellung friedlicher Verhältnisse sprach, wurde dieser ganz dicht vor mir erschossen.

Es blieb ungeklärt, woher der Schuss kam; jedenfalls nicht von einem Soldaten aus meiner Umgebung. Wahrscheinlich ist, dass ein Partisan aus einem der Häuser um den Marktplatz geschossen hat. Vielleicht hat der Schuss auch mir gegolten.

Wir haben den Mann in seinem Büro aufgebahrt.

Mir blieb nur noch übrig, das Vichy-Bataillon aufzusuchen und dessen Kommandeur zu ermahnen, solche Besetzungen künftig zu verhindern.

Dann verließen wir St. Amand. Solange wir in Moulins lagen, hat die Ruhe jedenfalls auch in St. Amand angehalten.

Kurz darauf verlegte das Bataillon nach Litauen und Ostpreußen; die französischen Partisanen waren bald vergessen.

Die Folgen von St. Amand

Fünf Jahre später wurde ich in Clausthal-Zellerfeld, wo ich als Bauingenieur im Straßenbau tätig war, zum britischen Standortkommandanten gerufen und dort einem französischen Gendarmerieoffizier in Zivil gegenübergestellt, der mich über St. Amand ausfragte. Meine Schilderung von der Erschießung des Polizeichefs interessierte ihn kaum, was mir schon verdächtig vorkam.

Bald erfuhr ich, dass meine Auslieferung in die französische Besatzungszone beantragt war.

Gewarnt durch ähnliche Vorfälle, z.B. durch die üble Behandlung, die General Ramcke in Frankreich erfahren hatte, besprach ich die Lage mit Generaloberst Student, der damals in Hamburg-Bergedorf lebte. Er hatte seinen Kriegsverbrecherprozess soeben mit Hilfe des neuseeländischen Generals Freyberg, seines Gegners auf Kreta, zu seinen Gunsten entschieden und war freigesprochen worden. So kannte er auch den Befehlshaber in der britischen Zone und trat dort persönlich für mich ein. Die Auslieferung wurde abgelehnt. Offenbar waren die Engländer auch nicht von der französischen Militärjustiz jener Tage überzeugt.

Etwa zwei Jahre später wurde ich zur „Zentralen Rechtsschutzstelle" der Bundesregierung nach Bonn bestellt und erfuhr dort, ich sei in Frankreich zu einer schweren Strafe verurteilt worden und täte gut daran, dieses Land künftig zu meiden.

Seit 1956 war ich als Angehöriger der Bundeswehr wiederholt und unbehelligt in Frankreich; die Verurteilung wegen St. Amand war fast vergessen.

Im Jahre 1979, also 35 Jahre nach dem Ereignis, wurde ich vom Landgericht München vorgeladen. Infolge eines neuen deutsch-französischen Abkommens übernahm die Bundesrepublik Deutschland auch die noch anstehenden Kriegsverbrecherprozesse.

Bald nach meiner Vernehmung wurde das „Ermittlungsverfahren gegen Rudolf Witzig wegen Verdacht des Mordes gemäß § 170/II der Strafprozessordnung eingestellt. Bei der Vernehmung erfuhr ich, ich sollte die Erschießung gefangener Partisanen angeordnet haben und sei deshalb verurteilt worden. Ich habe einen solchen Befehl nicht gegeben!

Das mir zugedachte Strafmaß bekam ich nicht zur Kenntnis, auch nicht die Urteilsbegründung; zweifellos ein merkwürdiges Gerichtsverfahren. Aber wozu? – Die Sache war für mich mal wieder erledigt!

Die europäische Zusammenarbeit der Fallschirmjäger, die wir auf dem Bundestreffen in Krems 1981 so hoffnungsvoll in Bewegung gebracht hatten, würde verständlicherweise gestört, wenn dem Bund Deutscher Fallschirmjäger ein in Frankreich verurteilter „Kriegsverbrecher“ vorsteht. Also hatte ich den Präsidenten der „UNP“ (Union Nationale Parachutiste) Oberst a. D. Romain-Desfossés schon in Krems über „St. Amand“ informiert und ihn um Ermittlungen gebeten, ob in Frankreich noch etwas gegen mich vorläge, das unser Verhältnis stören könnte. Er versprach, dies diskret zu tun. Man fand auch nichts; die Sache war verjährt!

Wir arbeiteten – wenn auch wenig erfolgreich – am Statut der „UEP“ (Union Europeenne Parachutiste), als im Januar 1983 das längst abgelegte Urteil über mich wieder auftauchte.

Vor der Militärjustiz fand die Diskretion offenbar ihr Ende; denn Herr Romain-Desfossés fand nun, mir sei doch eine Revision des Urteils möglich gewesen; ich hätte mich aber dem Gericht nicht gestellt. Uninteressant, dass ich dazu nie aufgefordert war, weder Urteil noch Begründung kannte und dass er selbst von der unkorrekten Arbeitsweise der Militärjustiz seines Landes in jener Zeit wusste.

Das Verhältnis zur „UNP“ wurde dann frostig; doch lehnte es die Bundesversammlung des Bundes Deutscher Fallschirmjäger ab, ihren 1. Vorsitzenden aus solchen Gründen und nur zugunsten fraglicher besserer Beziehungen zur „UNP“ abzuwählen.

Aber immerhin kenne ich seither die Anklageschrift; das Urteil habe ich nicht zu Gesicht bekommen, geschweige denn die Begründung.

Ich war in Abwesenheit zum Tode verurteilt worden, weil ich am 18. Juni 1944 in St. Amand die Exekution von 11 verhafteten Personen und die Verbrennung mehrerer Häuser angeordnet haben soll. Nichts davon ist richtig!

Was im Gefecht geschah, kann ich nicht mehr nachweisen. Keine Zeugenvernehmung ist mir bekannt, und sicher wurde kein deutscher Soldat dazu gehört.

Tatsächlich haben aber vor unserer Aktion erhebliche Kämpfe zwischen Partisanen und Vichy-Miliz in St. Amand stattgefunden, deren Folgen mir wohl der Einfachheit halber mit zugeschoben wurden. Auch das habe ich erst später erfahren.

Mein Bataillon und ich, als Kommandeur, haben nach dem Befehl des Oberbefehlshabers West, Generalfeldmarschall von Rundstedt, vom 3. Februar 1944 gehandelt – doch sicher ohne Brutalität:

„...Bei der Beurteilung des Eingreifens tatkräftiger Truppenführer ist die Entschlossenheit und Schnelligkeit ihres Handelns unter allen Umständen an die erste Stelle zu setzen. Schwer bestraft werden muss der schlappe und unentschlossene

Truppenführer, weil er dadurch die Sicherheit seiner unterstellten Truppe und den Respekt vor der Deutschen Wehrmacht gefährdet. Zu scharfe Maßnahmen können angesichts der derzeitigen Lage kein Grund zur Bestrafung sein. ...“

Zu erinnern ist hier auch an seine Weisung vom 8. Juni 1944:

„Das Oberkommando der Wehrmacht hat entschieden: Angehörige der französischen Widerstandsbewegung sind wie Freischärler zu behandeln.“

Das heißt, dass sie die Bedingungen der Haager Landkriegsordnung, Artikel 1 (Gesetze, Rechte und Pflichten für Heer, Milizen und Freiwilligenkorps), nicht erfüllten.

Jedoch, was hilft‘s? Wir haben den Krieg verloren.

„Vae victis – Wehe den Besiegten!“ sagte höhnend der Gallierkönig Brennus 390 vor Christus zu den besiegten Römern, als sie über die hohe Kriegskontribution stöhnten.

Das gilt noch heute!

Damit könnte das Drama in 4 Akten „St. Amand“ beendet sein; denn seit April 1988 hat der Bund Deutscher Fallschirmjäger einen aus französischer Sicht unbelasteten Bundesleiter.

Auch hatte die „UNP“ ihren Vorstand gewechselt.

So bleibt zu hoffen, dass die Freundschaft der Fallschirmjäger in unserem Resteuropa künftig besser gedeiht.

Oberschleißheim, den 21.August 1988 Rudolf Witzig

Die Kämpfe in Litauen und Ostpreußen

Nach Beginn der Invasionsschlacht am 6. Juni 1944 rechnete das Bataillon fest mit einem schnellen Einsatz in der Normandie. Stattdessen kam Anfang Juli 1944 nach langer Wartezeit der Marschbefehl nach Salzwedel zur Nachtsprungausbildung als Vorbereitung auf einen Einsatz mit dem Fallschirmjägerregiment 16, Kommandeur Oberst Schirmer. Es kam nicht dazu. Erneut wurden wir verladen, wir fuhren in Richtung Warschau, wo gerade ein Aufstand niedergekämpft wurde. Einen halben Tag lang standen wir dicht vor der Stadt, hörten in der Ferne schon die Geschütze. Dann fuhren wir Richtung Litauen. In der Anlage befindet sich die Stellenbesetzung des Bataillons im Sommer und Herbst 44, dazu die Einsatzorte der Kompanien und Einsatzzeiten nach Unterlagen der WAST.

Ab Mitte Juli war das Bataillon in einem Waldgebiet ca. 23 Kilometer ostwärts Kowno eingesetzt. Es lag dort vorübergehend neben dem SS-Fallschirmjägerbataillon 500, Kommandeur Milius, im Stellungskampf. Die Orte waren Pasusviai, Levintai, Makonai. Noch waren die Verluste gering. Ab 19. Juli 1944 wurden wir dem Fallschirmjägerregiment 16 unterstellt und in der so genannten Ostpreußenschutzstellung, ca. 10 Kilometer ostwärts der Reichsgrenze eingesetzt und waren am 24. und 25. Juli an Abwehrgefechten beteiligt. Folgen wir nun den Ausführungen von Oberst Schirmer, der diesen Einsatz beschrieben hat.

Der Kampf in der Ostpreußenschutzstellung

„Ende Juli erreichten wir die geplante Ostpreußenschutzstellung noch auf litauischem Gebiet. Linker Flügel an der Scheschuppe – etwa 10 Kilometer ostwärts der ostpreußischen Grenze, Grenzstadt Schirwindl, rechter Flügel liegt nördlich von Wilkowischken an der großen Straße Gumbinnen – Kauen (Kaunas), an dieser Straße ausschließlich. Hier grub sich das Regiment ein und hielt.

Nach wenigen Tagen wurde dem Regiment das Fallschirm-Pionierbataillon Witzig zugeführt (I./Fallschirm-Pionierregiment 21) und unterstellt. Eine Artillerieabteilung der Korpsartillerie wurde dem Regiment zugeteilt und etwa eine Woche nach Erreichen der Stellung noch eine Sturmgeschützbrigade (Nummer nicht mehr bekannt - vielleicht 22) zugeführt als Regimentsreserve.

Wegen der Länge des Abschnittes waren vorn eingesetzt, von rechts nach links; Pionierbataillon Witzig, II. Bataillon, I. Bataillon, III. Bataillon mit 13. Kompanie, Regimentsreserve 14. Kompanie und Sturmgeschützbrigade. Nach einiger Zeit erhielt das Regiment, das ja nur Infanteriewaffen besaß, noch vier 7,5 cm-Pak, welche die 14. Kompanie übernahm und entsprechend den Bataillonen unterstellt wurden. Diese Stellung wurde den ganzen August und September 1944 gehalten. Etwa wöchentlich erfolgte ein russischer Angriff irgendwo im Regimentsabschnitt, meist in Divisionsstärke. Zwei Mal gelang russischen Panzern in Regimentsstärke ein tiefer Einbruch. In der Masse wurden diese Panzer, vor allem aber die sie begleitende Infanterie von unseren vorn eingesetzten Kompanien im Nahkampf vernichtet, die weiter eingedrungenen Panzer von der Sturmgeschützbrigade abgeschossen. Die Stellungen wurden nach jedem Angriff in alter Form wieder genommen.

Wie hart dieser Abwehrkampf in dieser Stellung war, beweisen Luftbilder, die damals von der Frontlinie aufgenommen wurden. Vor allem links an der Scheschuppe, wo der rechte Flügel der 56. Infanteriedivision etwa 3 Kilometer zurückhing, und der Russe immer wieder versuchte, von Ost und Nord in die linke Flanke einzubrechen, sah das Gelände wie ein Bombentrichtergebiet des 1. Weltkrieges vor Verdun aus. Die Russen hatten eine große Überlegenheit an Artillerie, obwohl die mit dem Regiment auf enge Zusammenarbeit angewiesene Artillerieabteilung immer mal wieder eine feindliche Batterie niederkämpfte.

Auf diesem linken Flügel hatten sich Hauptmann Wangerin (erhielt dafür das Ritterkreuz) und Oberleutnant Amberger, Chef der 13. Kompanie große Verdienste erworben. Und ihre Männer hatten in dem Artillerie- und Stalinorgelfeuer trotz hoher Verluste stets die Stellung gehalten.

Auf dem rechten Flügel hatte das Fallschirm-Pionierbataillon Witzig genau so hart und standhaft kämpfen müssen. Im Übrigen war dieses Pionierbataillon rein infanteristisch eingesetzt. Die Erwähnung dieser Bataillone soll die Leistungen des I. und II. Bataillon nicht mindern.“

Soweit der Bericht von Oberstleutnant Schirmer über die Kämpfe in diesem Kampfabschnitt. Am 25. Juli 1944 wurde das Bataillon Witzig eilig herausgelöst und erreichte in einem langen Fußmarsch den Ort Jonava an der Straße Kowno – Dünaburg. Hier sollte ein russischer Durchbruch gestoppt werden. Am 26. Juli 1944 folgte das schwere Gefecht bei Kurmele. Folgen wir nun den Beschreibungen Austermanns über den Einsatz des Bataillons Witzig in Litauen.

Der Kampf des Bataillons Witzig bei Kurmele in Litauen im Herbst 1944

In der Nacht zum 20. Juni 1944 begann, eingeleitet durch eine Großaktion aller hinter der deutschen Front kämpfenden Partisanenverbände, der sowjetische Großangriff gegen die Stellungen der deutschen Heeresgruppe Mitte. Trotz des erbitterten Widerstandes gelang es den Sowjets innerhalb weniger Wochen, hier im Mittelabschnitt der Ostfront, ihren bis dahin größten Erfolg zu erringen. Die deutschen Divisionen konnten die ihnen zugewiesenen, viel zu breiten Frontabschnitte nicht mehr halten und die tiefen sowjetischen Einbrüche nicht verhindern. Da auch keinerlei Reserven zur Verfügung standen, um die durchgebrochenen Panzerverbände der Roten Armee in der Tiefe zu bekämpfen, kam es überall zu Einschließungen und schließlich zur völligen Zertrümmerung der Heeresgruppe. 28 Divisionen und etwa 350.000 Mann verlor das deutsche Heer – eine weitaus größere Katastrophe als Stalingrad. Generalfeldmarschall Model, der die Heeresgruppe Ende Juni zusätzlich zu seiner Heeresgruppe Nordukraine übernommen hatte, gelang es erst Mitte Juli die Sowjets auf der Linie Brest-Litowsk-Kowno zum Stehen zu bringen. Die Verbindung zur Heeresgruppe Nord riss während der Kämpfe ab und eine gefährliche Lücke klaffte bis etwa hinauf nach Dünaburg. Unverzüglich stießen die Sowjets in diese Lücke hinein und erreichten bereits am 27. Juli den Rigaer Meerbusen. Damit war die Heeresgruppe Nord zeitweilig von ihren Landverbindungen abgeschnitten und konnte nur noch von See her versorgt werden. Der Druck auf die deutschen Grenzen wurde immer stärker und zum ersten Mal drohte dem Reich auch von Osten her unmittelbare Gefahr.

In dieser Situation warf die Wehrmachtsführung alle nur greifbaren Reserven an die Gefahrenstellen. Das Fallschirmregiment 16, Major Schirmer, verlegt aus seinem Aufstellungsraum um Abbeville in Frankreich, trotz der kritischen Lage an der Invasionsfront im Eilmarsch nach Osten und trat sofort zum Entsatz der in Wilna eingeschlossenen Besatzung an. Das I./Fallschirm-Pionierregiment 21, Major Witzig, auf dem Fliegerhorst Salzwedel mit Vorbereitungen zu geplanten Nachtübungssprüngen beschäftigt, wurde ebenfalls alarmiert. In einem mehrtägigen Eisenbahnmarsch über Berlin, durch das friedlich in der herrlichen Sommersonne daliegende brandenburgische und westpreußische Land, ging es weiter durch Ostpreußen, über die Grenze nach Litauen hinein. Im Raum ostwärts Kowno erfolgt der erste Einsatz.

Zunächst war von der Roten Armee weit und breit nichts zu sehen. Dafür um so mehr eilig nach Westen verlegende deutsche Dienststellen aller Art, bei denen sich Szenen abspielten, die auf den Beginn der Auflösung aller Ordnung schließen ließen. Erst nach mehrmaligem Stellungswechsel erfolgte am Morgen des dritten Tages Feindberührung. Die vorsichtig vorfühlenden Sowjets belegten die Stellungen des Bataillons mehrere Stunden lang mit Granatwerferfeuer, ohne jedoch anzugreifen. Die 3. Kompanie löste in dieser Stellung ein SS-Fallschirmbataillon ab. Diese Einheit, das SS-Fallschirmbataillon 500, war ein so genanntes Strafbataillon. Nur der Kommandeur und einige Chargen des Stabes besaßen die entsprechenden Dienstgrade. Alle Kompanieführer, Zug- und Gruppenführer dagegen waren degradierte SS-Offiziere und Unteroffiziere, die lediglich auf dem Arm ein Abzeichen trugen, das sie in ihrer Dienststellung kennzeichnete. Diese Männer führten einige Wochen zuvor einen handstreichartigen Sprungeinsatz auf das Hauptquartier des jugoslawischen Partisanenchefs, Marschall Tito, durch. Nur mit größter Mühe und erst im letzten Augenblick gelang es diesem zu entkommen. Bis auf wenige Ausnahmen geriet jedoch der ganze Stab der Partisanenarmee in Gefangenschaft. Am Tage vor ihrer Ablösung durch die Pioniere hatten diese SS-Fallschirmjäger den Panzerangriff einer Einheit sowjetischer Stalinschüler blutig zurückgeschlagen. Mehrere der sowjetischen Panzerwracks standen noch in den Stellungen. Auch in den nächsten Tagen erfolgten in diesem Abschnitt keine Angriffe der Sowjets. Am 25. Juli verlegte das Bataillon in einem längeren Fußmarsch zurück an die Straße Kowno – Dünaburg und am Abend desselben Tages weiter in Richtung Nordosten bis zur Ortschaft Jonava, bzw. Jehova, um hier erneut in Stellung zu gehen.

In diesem Gebiet waren in den Tagen zuvor starke feindliche Panzeransammlungen beobachtet und gemeldet worden, die auf einen baldigen Großangriff schließen ließen. Das I./Fallschirm-Pionierregiment 21 war ausschließlich für diesen Einsatz einer Kampfgruppe unterstellt, die unter der Führung des damaligen Obersten von Tolstorff stand. Dieser Offizier hatte sich wiederholt ganz hervorragend ausgezeichnet und erhielt später als Kommandierender General nach sechs Verwundungen, die Brillanten zum Ritterkreuz mit Eichenlaub und Schwertern.

Nach einer kurzen Lagebesprechung, die der Kommandeur mit den Chefs der 1. Kompanie, Leutnant Kubillus und der 2. Kompanie, Oberleutnant Walther abhielt, ging das Bataillon beiderseits der Straße in Stellung, denn zweifelsohne würden die Sowjets hier schwerpunktmäßig angreifen. Die 1. Kompanie lag links der Straße und hielt auch die Straße besetzt. Unmittelbar rechts der Straße ging die 2. Kompanie in Stellung. Die 1. Kompanie setzte ihren ersten Zug, unter Führung von Leutnant Fromme, mit den Gruppen der Unteroffiziere Stein, Schepers und Weber unmittelbar an der Straße ein. Die sMG-Gruppe des Unteroffiziers Bosch lag etwa 100 Meter weiter rückwärts, ebenfalls direkt an der Straße auf einer kleinen Böschung. Der Kompaniegefechtsstand befand sich hinter dem 2. und dem 3. Zug.

Die 2. Kompanie rechts der Straße, oder, wie es im Osten hieß, der Rollbahn, grub sich am Fuße einer kleinen Mulde ein. Hier übernahm der 2. Zug die Sicherung des Abschnittes unmittelbar an der Rollbahn. Der am weitesten südlich eingesetzte 4. Zug des Oberfeldwebels Rudi Herden nahm lose Verbindung auf zu einer noch weiter südlich eingesetzten Infanterieeinheit. Zu einem engeren Zusammenwirken kam es jedoch nicht.

Die 4. Kompanie des Leutnant Schürmann, die nicht voll aufgefüllt war, wurde mit Teilen der 2. Kompanie unterstellt und mit anderen Teilen als Bataillonsreserve zurückgehalten. Die 3. Kompanie unter Oberleutnant von Albert stand dem Bataillon nicht zur Verfügung. Die Kompanie lag weit rückwärts als Korpsreserve. Im Bataillonsabschnitt waren unter anderem auch einige Sturm- und Pakgeschütze eingesetzt, jedoch nicht unterstellt. Sie standen am Rande des Waldes und in den hinter dem Bataillon liegenden Kornfeldern in Stellung. Artillerie, andere schwere Waffen und Minen waren nicht vorhanden. Die bataillonseigenen T-Minen mussten infolge des überstürzten Abmarsches, schön aufgestapelt, zu hunderten in der so genannten „Waldstellung", der vorhergehenden Stellung des Bataillons, liegenbleiben. An Panzerbekämpfungsmitteln standen je Gruppe ein Ofenrohr und etwa drei bis fünf Panzerfäuste zur Verfügung.

In der Nacht gruben sich die Kompanien in Panzerdeckungslöchern zu zwei und drei Mann und auch in Einmannlöchern ein. Zum Schutz gegen Überraschungen von der anderen Seite war ein Schleier von Vorposten herausgestellt. Besonders im

Abschnitt der 1. Kompanie war das erforderlich. Bei der 2. Kompanie lag, auf der anderen Seite der Mulde, sanft ansteigend ein Hügel, auf dem einige jener holzverkleideten litauischen Häuser standen, die offensichtlich alle zu einem Gehöft gehörten. Dieses Gehöft war schon von den Russen besetzt.

Als der Morgen des 26. Juli 1944 graute, wusste jeder Angehörige des Bataillons, dass ein Tag heraufdämmerte, der ihnen alles abverlangen würde. Zu offensichtlich waren die Vorbereitungen, die Geräusche der anrollenden Panzer in der Nacht, drüben auf der anderen Seite gewesen. Zu exponiert lag die Stellung. „Sie werden kommen", hatte Major Witzig gesagt, als er in der Nacht die Stellungen abging, „und sie werden sehr stark sein!" Das Bataillon hatte getan was es konnte, was in seinen Kräften stand. Freiwillig würden sie nicht weichen, das war der feste Wille aller Soldaten dieses Fallschirm-Pionierbataillons, vom Kommandeur bis zum letzten Gewehrschützen.

Es begann damit, dass der Hauptfeldwebel Seifarth von der 2. Kompanie mit einem Stoßtrupp von vier Mann durch die Mulde schlich, den gegenüberliegenden Hügel anstieg und in dem Gehöft die sowjetische Besatzung überrumpelt und einschließlich des dort anwesenden Kommissars aushob. Kurz darauf näherte sich ein sowjetischer Stoßtrupp den eigenen Linien und hob zwei Posten der 2. Kompanie aus. Unteroffizier Hans-Ulrich Schmidt beobachtete diesen Vorgang von seinem Deckungsloch aus, sah wie einer der Posten, offensichtlich verwundet, regelrecht fortgeschleift wurde und schoss mit seinem MG in das sich zurückziehende Rudel russischer Infanteristen. Als er seine Stellung verließ und zur Vorpostenstellung lief, fand er einen der Posten tot in seinem Loch liegend. Noch einmal schoss er auf die mit dem Gefangenen zu den eigenen Linien zurückhastenden Russen, da winkte ihm von der Seite ein im Grase liegender, verwundeter Rotarmist zu. Unteroffizier Schmidt versuchte ihn zu bergen, doch bevor er ihn erreicht hatte, schlug ihm wütendes Feuer aus unzähligen Infanteriewaffen entgegen, so dass er sich schleunigst zur eigenen Stellung zurückziehen musste.

Noch ein weiterer Vorposten war verschwunden. Das Gewehr stand in seinem Deckungsloch. Der Mann stammte aus dem Elsaß und diente während des Aufenthaltes in Frankreich oftmals als Dolmetscher. Sofort kam das Gerücht auf, dass es sich hier nur um einen Überläufer handeln könne! Warum eigentlich? Die Russen würden damals kaum Unterschiede gemacht haben zwischen einem „richtigen" Deutschen und einem der zwar deutsch sprach und die deutsche Uniform trug, aber sonst beteuerte, nicht dazu gehören zu wollen. Auch der Gefreite Mayer, so hieß er, der sich freiwillig zur Fallschirmtruppe gemeldet hatte, brauchte seine Kameraden nicht im Stich gelassen zu haben, nur weil er Elsässer war.

Am späten Abend hatte Oberleutnant Walther seinen Gefechtsstand verlegt. Von einer kleinen Anhöhe, etwas zurück in einen Hohlweg, der von der Rollbahn in fast südlicher Richtung abzweigte. Oberleutnant Walther fürchtete mit Recht, dass im Falle eines Angriffs der Russe den Gefechtsstand sofort isolieren und alle Melder abschießen würde. Die Geräusche drüben hörten die ganze Nacht nicht auf und im Morgengrauen waren vor den Stellungen der 1. Kompanie deutlich die sich bereitstellenden sowjetischen Panzerfahrzeuge auf breiter Front zu erkennen. Entfernung etwa 1.200 Meter. In provozierender Offenheit marschierte dort, im Bewusstsein ihrer Überlegenheit eine Armada aus Stahl und Eisen auf, die auch den Tapfersten mutlos werden lassen konnte. Ungezählte T 34, Salvengeschütze, die gefürchteten Stalinorgeln und Sturmgeschütze waren angetreten, die Stellungen der Fallschirmpioniere zu durchbrechen. Doch noch rührte sich nichts, es fiel auch kein Schuss. Eine unheimliche Ruhe auf beiden Seiten, die Ruhe vor dem losbrechenden Sturm.

Und dann blitzte es dort drüben auf, aus tausend Rohren zugleich und schlug unbarmherzig in die deutschen Stellungen ein. Immer wieder stampfend, brechend, heulend, berstend und krachend. Trommelfeuer schlug ein, wie immer und überall, wenn der Angriff kurz bevorstand; wohl eine Stunde lang mit unverminderter Kraft und ohne Pause. Die ersten Ausfälle an Toten und Verwundeten traten ein. Die Sanitätsdienstgrade hatten alle Hände voll zu tun und schickten gehfähige, leichter Verwundete zurück zum Bataillon. Auch den Gefreiten und Melder der 2. Kompanie, Jakob Maldener aus dem Saargebiet, hatte es erwischt. In seinem Deckungsloch traf ihn ein Granatsplitter am Oberarm. Sein Chef, Oberleutnant Walther, schickt ihn zurück zum Bataillon und gab ihm gleich die erste Meldung der Zweiten mit. Auf dem Weg nach hinten traf er noch einen anderen Verwundeten, von den Teilen der vorn eingesetzten 4. Kompanie. Die beiden stellten mit Verwunderung fest, dass die hinter der Kompanie stehenden Sturmgeschütze bereits Stellungswechsel machten. Wo fuhren sie hin? Warum blieben sie nicht dort? Die Stellungen waren doch gut, so hatte ein Geschützführer noch am Abend zuvor gesagt.

Plötzlich wurde das Feuer schwächer, ohne jedoch aufzuhören. Die Männer der 1. Kompanie hoben die Köpfe aus ihren Löchern und sahen, wie sich drüben die feuernde Masse langsam auf breiter Front in Bewegung setzte, sich auf sie zuwälzte, als wolle sie alles erdrücken, verbrennen, niederwalzen und in die Löcher stampfen. Jetzt erkannte man deutlich, besonders auf den weiter rückwärts gestaffelten Panzern, aufgesessene, doch auch nebenher laufende sowjetische Infanteristen. Schon vorher hatte Leutnant Kubillus befohlen: „Bis auf 20 Meter rankommen lassen und dann zuerst die Panzer!“ Und so geschah es. Die Männer der Ersten nahmen ihr Herz in die Hand und stemmten sich den Kolossen entgegen. Sofort kam es unmittelbar an der Rollbahn zu wilden Kämpfen. Leutnant Fromme schoss seine Panzerfaust auf einen T 34 ab, der in Flammen gehüllt, stehenblieb. Er selbst wurde verwundet. Der Kompanieführer, Leutnant Kubillus, der mit seinem Kompanietrupp, nachdem er den Schwerpunkt des Angriffes erkannt hatte, an die Rollbahn geeilt war, sank ebenfalls schwer getroffen zusammen. Die Führung der Kompanie übernahm Unteroffizier Weber. Drei Panzer hatte er selber schon geknackt, sie standen brennend und auseinandergeborsten vor den Deckungslöchern der Kompanie. Jetzt sah er, wie nacheinander der Unteroffizier Scheuring, Unteroffizier Hüchering und einige andere der Pioniere, die er so schnell in dem sich immer mehr entwickelnden Staub und Qualm nicht erkennen konnte, weitere der anrollenden Panzer knackten. Mit Panzerfaust und Ofenrohr verwandelten diese tapferen Männer der 1. Kompanie innerhalb kurzer Zeit 15 Panzer in glühendes, brechendes Eisen.

Wie mit einem Ruck war der Angriff der Sowjets zum Stehen gekommen und auch die Infanterie, durch harte Befehle vorwärtsgetrieben, zwischen den brennenden Panzern hindurch die Stellungen mit lautem Hurräh-Geschrei angreifend, hatten keinen Erfolg. Die deutschen Maschinenwaffen hielten blutige Ernte. Vor den Stellungen der 1. Kompanie war der Angriff abgeschlagen, so wie der Befehl es verlangte. Doch unter welchen Verlusten. Nur etwa 30 Mann lagen noch hinter ihren Waffen, sichernd nach allen Seiten – alle Anderen waren verwundet oder gefallen.

Und auf der anderen Seite der Rollbahn? Oberfeldwebel Herden hatte noch in der Nacht lose Verbindung aufgenommen zu der, schon weitab von der Rollbahn liegenden Infanterie, die einen viel zu breiten Abschnitt besetzt hielt. Auch hier war im Morgengrauen schweres Feuer niedergegangen. Als es hell wurde, und die gegenüberliegende kleine Höhe aus dem Dunkel auftauchte, stellte man fest, dass sie bereits von Russen besetzt war. Fast im gleichen Augenblick kam ein russischer Panzer die Anhöhe heraufgefahren. Doch mit nur einem Schuss hatten die noch in Stellung befindlichen eigenen Sturmgeschütze ihn in Brand geschossen. Noch war die Freude über den Abschuss nicht vorüber, da stürzte ein Melder von der rechten äußersten Gruppe in den Zuggefechtsstand und meldete, dass sich in der Senke hinter der russisch besetzten Höhe wenigstens 50 Panzer bereitgestellt hatten, und dass es von Infanterie nur so wimmelte. Sofort verständigte Oberfeldwebel Herden die Kompanie, und Oberleutnant Walther gab die Meldung zum Bataillon weiter.

Kurze Zeit später griffen die Russen auch hier an. Etwa acht Panzer rollten auf den Abschnitt des Zuges los. Die aufgesessene Infanterie wurde sofort unter Beschuss genommen und zum Abspringen gezwungen. Pionier Straß schoss mit dem Ofenrohr einen der Panzer ab, und auch ein zweiter stand plötzlich in Flammen. Doch die anderen rollten, ohne sich um ihre zurückbleibenden Infanteristen zu kümmern, weiter in Richtung Westen. Die vor den Stellungen liegengebliebene Infanterie wurde von den Pionieren restlos zusammengeschossen. Dann trat auch hier zunächst Ruhe ein. Vor dem Abschnitt des 1. Zuges beobachtete der Gefreite Anzenhofer, der als MG-Schütze mit seinem Schützen II, dem Pionier Golze, etwa zehn Meter vor seinem Gruppenführer, Unteroffizier Gabriel, in Stellung lag, etwa um die gleiche Zeit eine Anzahl mit Sträuchern getarnte Feindpanzer und eine große Masse Infanterie. Er sah wie diese Masse südlich an den Stellungen des Bataillons vorbeizog und offensichtlich die Pioniere einschließen wollte. Noch während er mit seinem Glas die Bewegung des Feldes beobachtete, brausten plötzlich von links, von der Rollbahn kommend, etwa sechs russische Panzer vor der Stellung entlang. Der vorderste hielt an, dreht und fuhr genau auf sein Deckungsloch zu. Doch bevor er es erreicht hatte, hatten die Pioniere Klausfering und Fred Ruff ihn mit einem Ofenrohr abgeschossen. Die Besatzung versuchte zu fliehen, doch es gelang ihnen nicht; das MG Anzenhofers erfasste sie sofort. Klausfering und Ruff waren inzwischen aus ihren Deckungslöchern herausgesprungen, liefen hinter einem anderen Panzer her und schossen diesen ebenfalls ab. Die Besatzung ergab sich den Pionieren und wurde zunächst unter Bewachung in die eigene Stellung gebracht. Auch hier wurde die nachfolgende Infanterie sofort scharf bekämpft und niedergehalten. Doch neue Panzer kamen, nun schon von allen Seiten. Die wenigen Pioniere wussten nicht mehr, welchen Angreifer sie zuerst abwehren sollten und warteten und hofften auf das Eingreifen der hinter ihnen stehenden eigenen Sturmgeschütze. Doch ihr Warten sollte vergebens sein. Diese Geschütze hatten inzwischen, aus welchen Gründen auch immer, Stellungswechsel vollzogen – nach rückwärts. Auch links und rechts von der Gruppe schien der Widerstand zusammengebrochen zu sein. Da gab Unteroffizier Gabriel den Befehl zum Zurückgehen auf das hinter ihnen liegende Gehöft. Als letzte Gruppe der Kompanie trafen sie dort ein, ohne einen Mann verloren zu haben und mit ihnen vier Gefangene, die sie unter nicht geringen Schwierigkeiten bei sich halten konnten.

Warum fuhren die Panzer, von denen der Gefreite Anzenhofer und auch andere Teilnehmer dieses Kampfes berichteten, nicht auf die Stellungen der Pioniere zu, sondern in Nord-Süd-Richtung an ihnen vorbei? Ursprünglich war dieser Panzerkeil zusammen mit dem Keil, der die 1. Kompanie angriff, parallel auf und südlich der Rollbahn auf die Stellungen der 2. Kompanie zugefahren. Nachdem sie hier jedoch auf härtesten Widerstand stießen, versuchten sie die Stellungen zu umgehen, um die Pioniere entweder in der Flanke oder im Rücken zu fassen. Im Abschnitt der 2. Kompanie an der Rollbahn hatte Hauptfeldwebel Hans Seifarth unmittelbar vor seinem Deckungsloch einen Panzer abgeschossen, und Unteroffizier Hans-Ulrich Schmidt aus Hamburg, an dem in einer Entfernung von höchstens 20 Meter die T 34 mit hoher Geschwindigkeit vorbeibrausten, hatte vergeblich versucht mit seinem Ofenrohr einen davon anzuvisieren und abzuschießen. Er berichtete über diese Phase des Kampfes sehr anschaulich: „Da die Russen nicht frontal auf unsere Panzerdeckungslöcher zufuhren, musste ich mich mit den in unmittelbarer Nähe vorbeirollenden Panzern befassen. Nachdem die erste Welle vorbeigefahren war und ich hinter ihnen hersah, entdeckte ich auf jedem T 34 etwa fünf russische Soldaten. Im gleichen Augenblick tauchte etwa 100 Meter rechts von mir ein weiterer T 34 auf, dem ich ein Geschoss aus meinem Ofenrohr entgegenfeuerte. Ich traf auch, doch nach etwa zwei Minuten rollt der Panzer langsam weiter und nahm den Kampf wieder auf. Sofort lud ich das Ofenrohr mit dem zweiten Geschoss, da hörte ich auch Kampflärm hinter meinem Rücken. Ich versuche rechts und links Verbindung aufzunehmen, stellte aber fest, dass niemand mehr in der Stellung war. Daraufhin verließ ich die Stellung und lief durch das hinter uns liegende Kornfeld zurück. Hier geriet ich zwischen mehrere russische Panzer, die plötzlich um mich herumstanden. Das Hochreißen des Ofenrohrs, anvisieren und abdrücken war eins, doch die elektrische Zündung versagte. Eine der Panzerbesatzungen hatte mich inzwischen entdeckt und schoss mit der Kanone in meine Richtung. Durch den Luftdruck des Panzergeschosses wurde ich zu Boden geschleudert und stieß mit der Stirn gegen das Ofenrohr. Das war meine Rettung, ich stellte mich tot und die Panzer rollten weiter. Nachdem sie außer

Sicht waren, lief ich so schnell ich konnte in der Deckung des Kornfeldes nach hinten und sah über dem Deckungsloch von Hauptfeldwebel Seifarth einen abgeschossenen T 34 stehen. Bei einer Häusergruppe stieß ich auf Angehörige der 2. Kompanie. Auch Oberleutnant Walther war dabei. Von hier sahen wir, wie ein Pionier mit einer Panzerfaust einen T 34 erledigen wollte. Der Panzer rollte jedoch eilends zurück und kam nicht wieder. Oberleutnant Walther befahl dann den weiteren Rückzug in Richtung auf den Bataillonsgefechtsstand."

So weit Hans-Ulrich Schmidt. Inzwischen hatte sich der größte Teil der 2. Kompanie bis zu dieser Häusergruppe zurückgezogen. Die Stellungen war nicht mehr zu halten, die Übermacht einfach zu groß. Auch nördlich und südlich der Stellungen des Bataillons waren starke Panzerkeile und Infanterieeinheiten vorbeigezogen, und die Gefahr einer Einkesselung wurde immer größer. Auch der 1. Kompanie, die den ersten Panzerangriff vor ihrer Stellung zum Scheitern brachte, blieb jetzt nichts anderes übrig, als sich ebenfalls zurückzuziehen. Links von ihnen, dort lag ja niemand, waren die Sowjets bereits weit nach hinten durchgerollt und von der Seite, wo die 2. Kompanie gelegen hatte, erhielten sie ebenfalls Feuer und erkannten russische Panzer und Infanterie, die von keiner Seite mehr bekämpft wurden.

Die Reste der Kompanie sammelten an der Straße bei der Gruppe Weber, um sich zu den eigenen Linien durchzuschlagen. Insgesamt noch etwa 30 Mann. Der Kampf hatte sich aufgelöst, die Übersicht war verlorengegangen und eine Führung nicht mehr möglich. Viele der Verwundeten wollten und konnten nicht mehr mit zurück. So blieb Feldwebel Binder, schwer verwundet, völlig apathisch in seinem Deckungsloch liegen. Unteroffizier Bosch, der Führer der sMG-Gruppe, ebenfalls schwerverwundet, lag neben seiner bis fast zuletzt schießenden Waffe und musste zurückgelassen werden. Unteroffizier Szymanski, schwer verwundet, blieb zurück und übernahm für seine Kameraden den Feuerschutz, so dass sich diese zumindest in der ersten Phase des Absetzens ungestört zurückziehen konnten. Der Abschied von den Kameraden fiel schwer, doch wie groß war die Freude am nächsten Abend, als bekannt wurde, dass Unteroffizier Szymanski es in der Nacht doch noch geschafft hatte, sich unter großen Strapazen bis zum Bataillon zurückzuschlagen.

Doch für die Kompanie, die sich nun im linken Straßengraben in Reihe hintereinander absetzen wollte, war der Weg bereits versperrt. Ein schweres russisches MG machte jede weitere Bewegung im Bereich der Rollbahn unmöglich. Unteroffizier Scheuring versuchte mit einigen Männern das MG auszuschalten. Doch es gelang nicht, der tapfere Unteroffizier, der kurz zuvor noch einen T 34 abgeschossen hatte, blieb tödlich getroffen neben der Rollbahn liegen.

Der Kompanie blieb nichts anderes übrig, als sich nördlich der Rollbahn durch die Kornfelder in Richtung Birkenwäldchen zurückzuziehen. Auf dem Weg dorthin war noch manche gefährliche Situation zu überstehen, denn überall waren bereits russische Gruppen und überall tote und verwundete russische Soldaten. Vom Birkenwäldchen ging es nochmals über eine weite, offene Wiesenfläche, bevor der dahinterliegende größere Wald erreicht werden konnte. Unteroffizier Weber meldete Major Witzig, den er kurze Zeit später dort traf, noch 12 Mann – der Rest der 1. Kompanie. Der Rückzug hatte weitere 18 Mann gekostet, verwundet, versprengt, gefallen. Am Abend traf Leutnant Fromme mit noch zehn Männern und Teilen der 2. Kompanie ein. Im Laufe der nächsten Tage schlugen sich auf z. T. abenteuerlichste Weise, Versprengte aller Kompanien zum Bataillon zurück. Zunächst jedoch baute Major Witzig hier am Waldrand mit allen verfügbaren Leuten eine Auffangstellung, die bis zum Einbruch der Dunkelheit besetzt blieb.

Auch die 2. Kompanie zog sich von der Häusergruppe, an der sich die aus den Stellungen kommenden Soldaten gesammelt hatten, weiter zurück. Ebenfalls im Straßengraben der Rollbahn, Mann hinter Mann. Die Spitze hatte Hauptfeldwebel Seifarth übernommen. Ziel war der Bataillonsgefechtsstand. Mehrfach erhielt die Kompanie Feuer und nach einigen hundert Metern war auch für die zweite Kompanie die Straße nach hinten verriegelt. Oberfeldwebel Rudi Herden berichtete, wie er dieses Absetzen erlebte:

„Oberleutnant Walther befahl, sich längs der Rollbahn abzusetzen. Die beiden anderen Züge sahen wir schon vor uns, links der Rollbahn zurückgehen. Natürlich hatte es schon allerhand, zum Teil sogar starke Ausfälle gegeben. Nachdem auch die Gruppen Karsch und Gabriel, weit auseinandergezogen, links der Rollbahn zurückgingen, wurde der Beschuss wieder sehr stark. Plötzlich riefen die Männer von der Gruppe Gabriel: ‚Vor uns feindliche Infanterie.' Wir sahen durch die Gläser, wie sie in etwa knapper Kompaniestärke von links nach rechts gingen. Oberleutnant Walther meinte, dass es die 3. Kompanie von Albert wäre, die in eine Auffangstellung zog. Er gab den Befehl, weiterzugehen. Es war auch nicht zu erkennen, ob es Fallschirmjäger mit unten offener Kombination waren, oder Russen. Sie schossen auch nicht, sondern winkten uns zu. Durch diesen Irrtum waren wir bis auf etwa 300 Meter an sie herangegangen. Erst dann merkten wir, dass es doch Russen waren. Ich nahm an, dass es sich um die Infanterie handelte, die rechts von meinem Abschnitt, gleich nach dem Panzerangriff durchgestoßen war. Erst jetzt begannen die Russen zu schießen und ein MG in Stellung zu bringen. Daraufhin gab Oberleutnant Walther den Befehl, wieder in Richtung Dünaburg zurückzugehen. Auch von meinem Zuge war ein MG in Stellung gegangen und hielt die Russen etwas in Schach. Der MG-Schütze fiel jedoch schon kurze Zeit später und der Rest des MG-Trupps musste wieder zurück in die Deckung. Ich lag neben Oberleutnant Walther im Straßengraben und studierte die Karte. Es gab nur noch einen Ausweg, und zwar mussten wir versuchen, über die freie Fläche hinweg den Wald zu erreichen, der in etwa 500 Meter Entfernung auf der anderen Seite der Rollbahn lag."

Bevor wir uns den dann folgenden dramatischen Stunden zuwenden, wollen wir noch einige andere Kameraden zu Worte kommen lassen, die ebenfalls mit der 2. Kompanie bis zu diesem Punkt zurückgegangen waren. Zunächst den Gefreiten Gilbert aus Tann in der Rhön, der hier später in Gefangenschaft geraten war und einer der wenigen ist, die wertvolle Auskünfte über verschiedene der vielen vermissten Kameraden geben konnte: „Nachdem der eigentliche Panzerangriff vorüber war,

Tunesien war lange Zeit in französischer Hand, sogar die Beschilderung glich denen in Frankreich. Das Gebiet zwischen Bizerta und Tunis war auch das Kampffeld der Fallschirmjäger.

Ein Posten am Gefechtsstand des Korps Fallschirm Pionier Bataillons Witzig in Tunesien. Der Stander hat gelb als Grundfarbe und enthällt schwarze Pfeile, die weiß umrandet sind.

Die Fallschirmjäger-Pioniere kämpften auch im Rahmen des Fallschirmjägerregiments 5 von Oberstleutnant Koch, hier das Eingangstor einer ehemaligen französischen Kaserne. Am Tor der Stern des Regiments Koch.

Die Fallschirmjäger mussten sich auf den Karten zuerst einmal mit den fremdartigen Ortsnamen vertraut machen.

Fallschirmjäger nach einem nächtlichen Handstreich bei Medjez el Bab, wo viele gegnerische Fahrzeuge gesprengt wurden. Rechts ein Mann der Panzertruppe.

Witzig (rechts) mit dem Führer des Luftwaffenregiments, Oberst Barenthin.

Beratung mit Offizieren der beteiligten Einheiten, links Rudolf Witzig mit Feldmütze, daneben Oberst Walter Barenthin, der für seine Führung am 25. Mai 1943 das DKiG erhielt.

Die erdrückende Luftüberlegenheit der Alliierten machte sich auch in Tunesien bemerkbar. Fallschirmjäger haben ihre Kräder schnell in einen riesigen Ohrenkaktus geschoben und warten ab, bis die Jabos verschwunden sind.

BMW-Beiwagenkräder haben sich im Einsatz sehr bewährt und waren beliebte Fortbewegungsmittel, auch beim Fallschirmjägerregiment 5 in Tunesien.

Die MPi 40 im Anschlag, späht der Fallschirmjäger aus einer Haustüre hervor.

Fallschirmjäger marschieren in Reihe dem nächsten Sammelpunkt entgegen.

In Tunesien kämpften englische und deutsche Fallschirmjäger gegeneinander. Gefangene und Verwundete werden zurückgebracht. Gegenseitige Achtung voreinander und die Hilfe für Verwundete war selbstverständlich.

Ein wachsamer Posten. Er hat den typischen Fallschirmjäger Ladestreifengurt für seinen Karabiner umgehängt.

Hans Jungwirt, hier als Major, erhielt noch am 9. Mai 1945 das Ritterkreuz.

Hauptmann Hans Jungwirt bespricht sich mit seinen Männern. Für seine Führungsleistungen in Tunesien wurde ihm am 1. April 1943 das DKiG verliehen.

Major Witzig (Bildmitte) zeichnet den Gefreiten Becker mit dem Eisernen Kreuz I. Klasse aus. Rechts: Oberleutnant Hardt, Chef der 4. Kompanie des Fallschirmjäger-Sturmregiments.

Major Walter Koch, der Kommandeur des Fallschirmjägerregiments 5 zeichnet bewährte Männer mit Eisernen Kreuzen aus. Er wurde in Tunesien schwer verwundet und erlag seinen Verletzungen in einem Heimatlazarett am 23. September 1943 als Oberstleutnant.

Rudolf Witzig als berittener Fallschirmjäger-Offizier.

Ein Fallschirmjäger mit der bewährten MPi 40, Handgranate im Koppel und Meldertasche angeschlauft beobachtet das Vorfeld.

Hauptmann Gerhard Schacht, Führer der Sturmgruppe „Beton“ in Tunesien.

Auch wenn kein Luftlandeeinsatz zu erwarten war, waren die Fallschirmjäger mit den Waffenbehältern ausgerüstet, die als Zweirad-Karren für Waffen und Munition die Soldaten beweglich machte.

Ein Trupp Nachrichtenmänner legen eine neue Fernsprechleitung.

Das Fallschirmjägerregiment 5 im Einsatz in Tunesien. Die Zeit der großen Sprungeinsätze war vorüber, die Fallschirmjäger wurden wie Infanterie eingesetzt, aber auch dabei bewiesen sie überdurchschnittlichen Einsatzgeist, hier beim Klettern in den „Blauen Bergen".

Nicht immer konnten sich Soldaten von ihren gefallenen Kameraden in würdiger Form verabschieden, wie hier in südlichen Gefilden.

Ein Tiger-Panzer während einer Feuerpause. Selbst der Einsatz dieses überlegenen deutschen Panzers, konnte den Zusammenbruch des tunesischen Brückenkopfes nicht verhindern.

Eine erbeutete deutsche 7,5 cm Pak 40 wird von englischen Soldaten besichtigt.

Eine 8 cm-Granatwerfer-Stellung der deutschen Fallschirmjäger im gebirgigen tunesischen Hochland.

Ein Fallschirmjäger betrachtet nachdenklich den Durchschuss an einem Fallschirmjägerhelm.

Ein Bild für die Zeitung, denn so deckungslos würden sich Fallschirmjäger mit ihrem Leichtgeschütz (10 cm-Kaliber, rückstoßfrei) nicht in Gefahr bringen. Ein Panzer III erklimmt den Hügel.

Hauptmann Gerhard Schirmer späht mit General Conrath bei Bon Arada durchs Scherenfernrohr.

Der italienische General Messe kapituliert vor dem südafrikanischen General Freyberg, in Tunesien am 12. Mai 1943.

Nur Teile von Witzigs Fallschirmpionieren konnten Tunesien rechtzeitig verlassen. Aus den Resten der Einheit, die mit Ersatzkräften aufgefüllt wurde, entstand in Wittenberg eine neue Fallschirmpioniertruppe.

Die kampferprobten Männer und der junge Nachwuchs mussten erst zusammengeschweißt werden. Der Mann in der Mitte trägt einen Flammenwerfer.

Ein erbeuteter britischer Bren-Carrier dient als Übungsfahrzeug bei einer Landeübung.

Das Fahrzeug scheint den Fallschirmjägern sichtlich Freude zu bereiten. Man beachte die WH-Zulassungsnummer!

Hauptmann Friedrich (links), Major Witzig (Bildmitte) und eine Adjutant schreiten die Front des Fallschirm-Pionierbataillons ab, das zu einer Parade angetreten ist.

Gerhard Schirmer begleitet General Matzky, den kommandierenden General des XXVII. Armeekorps bei der Verleihung von Auszeichnungen an Fallschirmjäger.

sammelten wir im rechten Straßengraben der Rollbahn (in Richtung Dünaburg gesehen). Ich sicherte den Graben nach vorne ab, eine tote russische Panzerbesatzung als Deckung nutzend. Da der Iwan schon das ganze Gelände besetzt hatte, war jegliche Verbindung zur Kompanie abgerissen. Kämpfend zogen wir uns dann im linken Straßengraben (Richtung Kowno) zurück, bis zur Abzweigung, die nach dem Dorf Dziewaltowe führt. Hier stand ein T 34 mit Schussrichtung Dünaburg. Im geschlossenen Sprung ging es über die Straße. Wir nahmen an, dass der T 34 bereits geknackt war und schenkten ihm daher keine Beachtung. Doch das war ein folgenschwerer Fehler, denn im gleichen Augenblick, als wir über die Rollbahn wechselten, sprang die Besatzung, die bis dahin im gegenüberliegenden Straßengraben gelegen hatte in ihr Fahrzeug und nahm uns sofort unter Beschuss. Da wir jedoch im toten Winkel lagen, es waren etwa 25 bis 30 Meter bis zum T 34, konnten sie mit der Kanone nichts ausrichten und versuchten, uns mit ihrem MG zu fassen. Doch hier im Graben waren wir auch davor noch sicher".

Pionier Anton Littner aus Freiburg im Breisgau, als MG-Schütze am rechten Flügel des 2. Zuges der 2. Kompanie eingesetzt, schrieb:

„Als der Panzerkeil uns vollkommen überrollt hatte, rief Unteroffizier Sodenkamp: ‚Alles nach rückwärts absetzen.' Zuerst nahmen wir unser MG und schossen auf die russische Begleitinfanterie, um etwas mehr Luft für den Rückzug zu bekommen. Da ich von meinen linken Kameraden nichts hörte, wollte ich noch schnell zu Ihnen, um zu sagen, dass es zurückgeht. Doch beide lagen tot in ihren Löchern. Ich wollte ihnen noch die Erkennungsmarken abbrechen, da kam auch schon die nächste Welle russischer Infanterie auf unsere Stellungen zu, und ich hatte nur noch den Gedanken, so schnell wie möglich zurück, da weit und breit nur Russen zu sehen waren. Unter dauerndem Beschuss nahm ich meinen Weg durch ein Erbsenfeld, mehr liegend als laufend, nach hinten. Kurz darauf traf ich den Pionier Abele, mit dem ich dann zur Rollbahn lief. Wir trafen jedoch niemand mehr an. Lediglich auf der anderen Straßenseite zurückgehende deutsche Artillerie, die uns zurief, dass sich die Fallschirmjäger zum Wald hin abgesetzt hätten." Als diese beiden Soldaten der 2. Kompanie die Rollbahn passierten, hatte die Masse der 2. Kompanie den Sprung nach Norden bereits gewagt und zum Teil den rettenden Wald erreicht. Wieder gab uns Oberfeldwebel Rudi Herden Auskunft über das, was sich nun hier abspielte:

„Oberleutnant Walther und ich sprangen über die Straße in den nördlichen Graben. Von hier musste eine freie Fläche von etwa 80 bis 100 Meter überwunden werden, um dann in den Feldern in Deckung bis zum Waldrand zu kommen. Die Gruppen Karsch und Gabriel sprangen, ebenfalls unter starkem Beschuss, über die Straße. Beim Herausspringen aus dem nördlichen Straßengraben erhielt Oberleutnant Walther einen Oberschenkelschuss und blieb liegen. Zwei Soldaten verbanden ihn, dabei erhielt er noch einen Bauchschuss. Nachdem er noch ein Stück mitgeschleift wurde und einige der zu Hilfe eilenden Soldaten ebenfalls verwundet liegen blieben, bat er die Männer, ihn liegenzulassen. Er händigte einem Pionier die Kartentasche, seine Brieftasche und seinen Ehering aus mit dem Befehl, mir dieses auszuhändigen und er hoffe, dass ich den Rest der Kompanie aus diesem Schlamassel herausführen könnte. Ich hatte die ersten Soldaten bereits Richtung Wald geschickt, als der Pionier mir die Sachen von Oberleutnant Walther übergab und mir meldete, dass sich der Kompanieführer, um nicht in die Hände der Russen zu fallen, erschossen habe."

Nachdem Oberfeldwebel Herden mit den meisten Soldaten der 2. Kompanie hinter der freien Fläche in Deckung gelangte, wollte er unverzüglich durch das kleine Birkenwäldchen den großen Wald erreichen. Unteroffizier Karch war jedoch der Meinung, noch weiter nördlich ausholen zu müssen, um sicher die eigenen Linien zu erreichen. Eigenmächtig setzte er sich deshalb, zusammen mit etwa 13 Mann, von der Kompanie ab und schlug die von ihm für besser gehaltene Richtung ein. Seitdem fehlte von dieser Gruppe jede Spur und jede Nachricht. Während die Männer um Rudi Herden sicher die eigenen Linien erreichten und dann mit Major Witzig auch die neue Hauptkampflinie, kam von der Gruppe Karch keiner durch. Wo waren diese Männer geblieben? Wo, in welchen unergründlichen Weiten des Ostens, sind sie untergegangen?

Aber noch waren längst nicht alle Männer über die Rollbahn und die daran anschließenden 80 Meter deckungslose Wegstrecke gesprungen. Diese 80 Meter sollten noch vielen Kameraden zum Verhängnis werden. Zwar hatte sich der zuerst diese Fläche bestreichende T 34 weiter in Richtung Kowno in Marsch gesetzt, doch ein russisches MG lag jetzt an seiner Stelle und hielt den einzigen Rückzugsweg der Pioniere ständig unter Feuer. Und wenn auch eigenes Feuer das russische MG zur äußersten Vorsicht und immer wieder in Deckung zwang, so konnten die tapferen, und alles wagenden MG-Schützen es nicht verhindern, dass zehn Soldaten auf diesen 80 Metern liegen blieben, tödlich getroffen von den Kugeln dieses russischen MG. Der Gefreite Gilben, der lange Zeit das eigene MG bediente und die Russen einigermaßen niederhielt, sprang als letzter über das verhängnisvolle Feld. Er berichtete darüber: „Inzwischen hatten die ersten Kameraden das Haus (es handelte sich um eine abgebrannte Kate, inmitten der Felder) erreicht. Jetzt war ich der Letzte. Ich sprang aus dem Graben und lief so schnell ich konnte nach Norden. Dabei musste ich an einer langen Reihe gefallener Kameraden vorbei, die den Sprung nicht geschafft hatten. Es waren wohl zehn Männer, die hier liegen blieben. Erkannt habe ich die Kameraden Lew, Senft, Tilgen und Mennecken. Unmittelbar vor dem Kartoffelacker wurde ich verwundet, konnte jedoch das Haus erreichen und traf hier zwei Angehörige unserer Kompanie, die ebenfalls verwundet waren. Wir verbanden uns gegenseitig und setzten dann den Weg bis zum Birkenwäldchen fort. Hier wollten wir den Abend abwarten, um ungesehen über die freie Wiesenfläche den Wald, in etwa 500 Meter Entfernung, zu erreichen. Gegen Abend ließ sich jedoch ein russischer Stab nur 30 Meter von uns entfernt nieder. Dadurch war uns die Möglichkeit genommen, das Birkenwäldchen zu verlassen. Vier Tage später wurden wir durch Angehörige dieses Stabes gefangengenommen. Bei der Gefangennahme hat sich Pionier Börner erschossen."

Im Wald hatte inzwischen Major Witzig alles, was an Versprengten nach hierher kam, gesammelt. Die Lage war völlig unklar, auch wie weit die Russen bereits in Richtung Westen vorstoßen konnten. Mit als Letzte trafen Unteroffizier Fred Oesterreicher, Gefreiter Anzenhofer, Pionier Goeing und Pionier Robert Rail hier im Wald ein. Auch diese Gruppe hatte den Weg über den Kartoffelacker genommen. Gefreiter Anzenhofer berichtet über diesen letzten Abschnitt des Zurückgehens:

„Unter starkem Beschuss setzten wir uns in Richtung Norden, entlang eines kleinen Pfades ab. Nach etwa 100 Metern kamen wir an toten und verwundeten Kameraden des 1. Zuges vorbei, dann an einem abgebrannten Gehöft, in dem eine tote Frau und ein toter Mann im Hof lagen. Wir wollten in ein vor uns liegendes Birkenwäldchen, bogen aber doch schon vorher halblinks ab und kamen alle vier bis zum großen Waldrand. Eine Zeitlang irrten wir noch im Walde umher, dann trafen wir auf Reste des Bataillons, welches in Reihe zurückging, angeführt von Major Witzig. Zwischen russischen Panzerbereitstellungen und Truppenansammlungen hindurch führte uns der Kommandeur ohne weitere Verluste zurück auf die eigenen Linien. Alle, die damals dabei waren, rechnen ihm das heute noch hoch an."

Dieser Marsch, inzwischen Legende geworden, war eine ganz große Leistung Major Witzigs. Er führte sein Bataillon, das einen Auftrag zu erfüllen hatte, der weit über die Kräfte eines Bataillons hinausging, aus der beinahe schon sicheren Gefangenschaft zurück zu den deutschen Auffangstellungen. Auf Schleichwegen, manches Mal neben vormarschierenden russischen Kolonnen, an rastenden Panzern vorüber und durch die russische Vorpostenkette hindurch. Das Korpskommando hatte das Bataillon bereits abgeschrieben. Im Morgengrauen des nächsten Tages standen die Pioniere vor den eigenen Linien.

Doch noch Mal zurück zum Geschehen auf dem Kampffeld. Es sollte, und wir glauben, dass hier die beste Gelegenheit ist, einmal auf jene Männer hingewiesen werden, die während der Kämpfe immer in der vordersten Stellung zu finden waren, die ihren schweren Dienst ohne Waffe versahen, um dem verwundeten Kameraden zu helfen, ihm beizustehen, ihn zu verbinden und nach hinten zu bringen. Die unbeirrt durch Beschuss fuhren oder liefen und die oft tausend Hände hätten brauchen können, um in diesem furchtbaren Geschehen, das sich Krieg nannte, allen, die sie riefen, zur Seite zu stehen. Wir wollen ihnen Dank sagen, unseren tapferen, unvergleichlichen und unübertroffenen Sanitätsdienstgraden – gleichgültig ob Generalarzt, Bataillonsarzt oder Sanitätsgefreiter. Die Männer mit den blauen Spiegeln waren oft die letzte Hoffnung der Verwundeten. Ihr Pflichtgefühl rettete Hunderttausenden deutscher Soldaten und Soldaten des uns jeweils gegenüberstehenden Feindes das Leben. Nur wer selbst einmal hilflos in einem Inferno der Vernichtung und des Todes lag, kann ermessen, was diese Männer leisteten. Selbstlos und furchtlos, nur von dem Gedanken beseelt, dem getroffenen Kameraden, gleichgültig welche Uniform er trug, zu helfen und ihn so schnell wie möglich sicher zurückzubringen.

In diesen Kämpfen an der Rollbahn nach Kowno waren die Sanitätsgefreiten Fegeler und Stümpfl gleich zu Beginn der Kämpfe, während der Ausübung ihres Dienstes, schwer verwundet worden. Die Sanitätsgefreiten Bolz, Debus, Diewald und Dudarewitsch gelten seit diesen Tagen als vermisst. Mag der Sanitätsfeldwebel Wenzel hier für alle seine Kameraden sprechen: „Ich war während des Panzerkampfes bei Kurmele beim Stab und dem Verbandsplatz zugeteilt. Mit einer Beiwagenmaschine habe ich Verwundete aus den Stellungen geholt und auf der Rollbahn zum Verbandsplatz gefahren, der sich am 26. Juli 1944 am Waldrand befand. Schon gleich nach Beginn des Trommelfeuers hatten wir alle Hände voll zu tun. Viele Verwundete kamen zurück. Es ging alles so schnell, dass wir plötzlich mit unserem Verbandsplatz unter Panzerbeschuss lagen und weiter nach rückwärts ziehen mussten. Bei meiner letzten Fahrt mit einem Sanka, wir hatten fast zwanzig Verwundete geladen, war uns die Rollbahn bereits abgeschnitten, so dass wir nach rechts durch den Wald fahren mussten. Auf einer kleinen Brücke brachen wir noch ein und konnten vor allem durch die Hilfe des Feldwebels Bär, der selbst einen Schulterschuss hatte, wieder flott werden und unsere Verwundeten glücklich am Hauptverbandsplatz abliefern.

Unterarzt Dr. Moll und ich wurden dann vom Bataillonsarzt beauftragt, mit einem S-Krad soweit wie nur möglich, nach vorne zu fahren, um noch nachkommende Verwundete aufzufangen und zu versorgen. Wir sind dann nach Norden abgebogen und kamen von der Seite her bis zu einem Gehöft seitwärts des Birkenwäldchens. Das Gehöft lag auf einer kleinen Anhöhe, und wir konnten das ganze Gelände übersehen, das jedoch wie ausgestorben vor uns lag. Plötzlich entdeckte ich am gegenüberliegenden Waldrand eine Beiwagenmaschine mit Krankentrage, auf der ein Verwundeter lag. Vom Fahrer war jedoch nichts zu sehen. Ich versuchte, durch ein Getreidefeld an die Maschine heranzukommen und stieß dabei auf den Fahrer, den Obergefreiten Vahl von der 3. Kompanie. Der Verwundete war der Obergefreite Lottermoser, ebenfalls von der 3. Kompanie. Vahl erklärte, er könne nicht mehr an die Maschine heran, da er von Baumschützen beschossen worden sei. Wir versuchten es dann beide zusammen und es gelang uns auch, an die Maschine heranzukommen. Ich habe Lottermoser, der einen schweren Bauchschuss hatte, schnell versorgt und wollte dann seitwärts vom Getreidefeld durch eine Wiese, die jedoch zum Teil sehr sumpfig war. Ich ging voraus, um den Weg zu erkunden, doch als Vahl die Maschine antrat und losfuhr, krachte es von den Bäumen. Sie beschossen uns mit Maschinenpistolen, aber wir schafften es und kamen heil in den Wald. Leider blieben wir ein Stück weiter im Sumpf stecken. Doch ein Kettenkrad, das ich noch organisieren konnte, machte uns wieder flott, und ich konnte Lottermoser und einen weiteren Soldaten, ebenfalls mit einem Lungendurchschuss, zum Hauptverbandsplatz zurückbringen.“

Die Reste des Bataillons sammelten in den nächsten Tagen, während sich die deutsche Front immer weiter auf die ostpreußische Grenze zurückzog. Von der 1. und 2. Kompanie waren etwa 65 Mann wieder beisammen. Die 2. Kompanie trat als Zug, unter Führung von Oberfeldwebel Herden, zur 3. Kompanie, von Albert. Schon in den nächsten Tagen wurde das Bataillon in weitere harte Kämpfe verwickelt und erlitt erneute Verluste. Schaken – Schirwindt – Ebenrode hießen hier die Stationen.

Folgen wir nun den Ausführungen von Oberstleutnant Schirmer über den Einsatz im zu bildenden Brückenkopf Kuckerneese nördlich der Memel.

Der Einsatz im Brückenkopf Kuckerneese

Am 1. Oktober erhielt das Regiment den Befehl: „Regiment wird durch 1. (ostpreußische) Infanteriedivision abgelöst, herausgezogen und mit Ausnahme Pionierbataillon Witzig, dessen Unterstellung mit Ablösung endet, zu neuem Einsatz nördlich der jetzigen Stellung befohlen, über Sturmgeschützbrigade und Flakbatterie ‚Hermann Göring' wird durch XXVI. Armeekorps besonders verfügt."

Am nächsten Tag wurden die 2 Regimentskommandeure, alle Bataillonskommandeure und Kompaniechefs genau in die Lage und die Stellungen eingewiesen und Fm. Fernsprechverbindungen übergeben. Die Ablösung in der folgenden Nacht verlief fast reibungslos. Damit war das Regiment die Verantwortung über diesen großen Verteidigungsabschnitt los.

Doch der neue Korpsbefehl kam schon am späten Nachmittag vor der Ablösung. „Feind ist nördlich der 56. Infanteriedivision im Angriff nach Westen. Fallschirmjägerregiment 16 mit weiter unterstelltem Pionierbataillon Witzig erreicht sofort im Eilmarsch Kuckerneese bei Tilsit und bildet und weitet aus einen Brückenkopf über die Memel. Zentrum des Brückenkopfes ist die Brücke über die Memel bei Kuckerneese."

Also sofort nach der Herauslösung ging es zu Fuß los, mit den wenigen Fahrzeugen pendelnd, die beste Kompanie ging voraus. Ich war ab Morgengrauen der Ablösungsnacht an der Brücke Kuckerneese, die Bataillonkommandeure folgten nach genauen Bataillonsbefehlen für den Marsch zur Brücke von Kuckerneese voraus.

Es ging also für die Soldaten wieder los – nach Ablösung, ohne Schlaf im Eilmarsch 50 Kilometer nach Nordwesten, Handwagen und alles was Räder hat wurde organisiert. Auf meine Bataillonskommandeure war Verlass.

Ich stand mit einigen Soldaten des Regimentstabes um 5.00 Uhr auf der Brücke Kuckerneese. Zunächst herrschte völlige Ruhe. Schon um 6.00 Uhr kamen die ersten Lastwagen mit Teilen unseres Regimentes und den Bataillonkommandeuren in Sicht.

Heute weiß ich leider nicht mehr, wie ich die Bataillone eingesetzt hatte. Sicher ist, dass das I. bis III. Bataillon einen großen Brückenkopf, fast bis Tauroggen (in sehnsüchtiger Erinnerung an Sylvester 1812) bildeten. Richter mit dem IV. Bataillon bildete am Nordufer einen inneren Ring, das V. Bataillon und Bataillon Witzig blieben am Südufer der Memel, das Pionierbataillon stellte Boote als Fähren sicher und bereitete die Brücke und eine Behelfsbrücke, etwa 5 Kilometer ostwestlich der Brücke Kuckerneese, zur Sprengung vor. Russische Verbände griffen uns schon am Nachmittag dieses Tages an, die Masse der Russen aber ging über Tauroggen Richtung Memel vor, das sowjetische Panzer auch am folgenden Tag erreichten.

Mit mir nahm in der ersten Nacht Herr General von Krosigk Verbindung auf. Ich weiß nicht mehr, welche Funktion er hatte. Er befahl lediglich beständig noch den Brückenkopf erreichende versprengte Soldaten in Kloken zu sammeln und den Brückenkopf so lange wie möglich zu halten. Er wollte inzwischen entlang des

Südufers der Memel eine neue Stellung errichten und besetzen. Ich weiß nicht mehr, mit welchen Truppen dies geschehen sollte.

Wir konnten wirklich noch ein paar Hundert deutsche Soldaten, die von Norden und Osten in Trupps und Gruppen unsere Stellungen erreichten, aufnehmen und über die Kuckerneese-Brücke über die Memel weisen. Die Verteidigung des Brückenkopfes wurde stündlich schwerer. Noch weiß ich, wie ich an dem Flüsschen Leite mit Hauptmann Richter auf einem Kirchturm zwischen Kuckerneese und Tauroggen saß und Richter das Feuer der Leichtgeschütze leitete. Wir konnten bis Heydekrug sehen (Geburtsort von Sudermann). Am Abend des 2. Tages im Brückenkopf bemühte ich mich vergebens um klaren Befehl, ob und wie lange der Brückenkopf zu halten sei.

Mir war nicht bekannt, ob ich noch dem XXVI . Armeekorps unterstand. Ich konnte es aber auch nicht erreichen. Am 3. Tag wurde der Abwehrkampf immer schwieriger. Ich stand vor der Frage, die noch reichlich vorhandenen Reserven: V. Bataillon, die Masse des Pionierbataillons Witzig, Teile des IV. Bataillon, die noch alle südlich der Memel standen, einzusetzen.

Zunächst entschloss ich mich, sofort alle im Brückenkopf liegenden Dorfbewohner aufzufordern, die Dörfer zu räumen, über die Brücke Kuckerneese Richtung Königsberg zu fahren (Treck, Bahn, zu Fuß). Viele Frauen mit Kindern kamen. Nicht alle waren bereit, die Heimat zu verlassen. Es handelte sich hier um Teile des Memelgebietes, das ja erst 1939 durch Vertrag mit Litauen wieder zum Reichsgebiet gekommen war. Fast alle aber waren Deutsche. Litauer lebten in diesem Gebiet nur wenige. Die zivilen und die Stellen der Partei waren kopflos und zu keinem Entschluss zu bewegen.

Noch vor Anbruch des Tages entschloss ich mich, den Brückenkopf zu verkleinern und die Reserven nicht einzusetzen. Inzwischen war auch eine Artillerieabteilung, weiß Gott woher sie kam, am Südufer der Memel in Stellung gegangen, entsandte VB (vorgeschobene Beobachter, die das Feuer leiteten) und unterstützten uns sehr.

Am 4. Tag griffen die Sowjets stärker an, überall kleine Feindpanzergruppen. Viele der Panzer wurden von unseren Fallschirmjägern im Nahkampf vernichtet.

Hier darf ich etwas ganz anderes einfügen. Nach dem Kriege hatte ich das Vergnügen, 10 ½ Jahre in einem sowjetischen Zwangsarbeitslager (Kohlengruben) an der Eismeerküste zu verbringen. Dort hatte ich reichlich Zeit, über alle Kriegsereignisse gründlich nachzudenken.

Ich konnte alle meine – viele richtige und falsche Entschlüsse – in Ruhe überdenken. Dabei stieß ich darauf, dass ich z.B. von den Kämpfen in Afrika alles noch genau wusste, aber ab Einsatz Kuckerneese, fast am Schluss des Krieges, wusste ich noch nicht einmal mehr, wie – von rechts nach links – ich meine Bataillone eingesetzt habe. Ich glaubte dann nach Jahren auch zu wissen, warum das so war.

Es kümmerte sich keiner um die oft verängstigt in ihren Häusern sitzenden Frauen, Kinder, alten Männer. Es war meine, unsere Aufgabe, uns um sie zu sorgen, ihnen zu raten, zu helfen, oft genug zu befehlen. Das Regiment funktionierte, wenn es Befehl hatte. Meine und meines Stabes Aufmerksamkeit musste sich einfach auf die Lage der Bevölkerung konzentrieren. Was sollte man raten – weggehen natürlich, was aber mitnehmen, wie noch wegkommen. Meine wenigen Lastwagen karrten nicht mehr nur Nachschub, sondern brachten Frauen und Kinder in Sicherheit. All das brauchte Weisungen, Befehle. Dies hat mich völlig in Anspruch genommen. Die Führung des Regiments erfolgte automatisch und quasi nebenbei.

Da liegen die Gründe des Gedächtnisausfalles. Ich darf also hier nochmals festhalten:

Von den vielen braunen Uniformen der Block-, Orts-, Ortsgruppenleiter, von den Kreis- und Gauleitungen war nichts mehr zu hören und zu sehen, auch später im Raume Gumbinnen und Goldap nicht. Ein völliges Versagen in dem Augenblick, wo diese Herren ihre Führungsqualitäten hätten beweisen können. Diese Uniformen und ihre Träger verschwanden, der Soldat behielt die Uniform, kämpfte und führte. Nicht nur ich – fast alle Kommandeure.

Der Einsatz südlich Gumbinnen

Um den 14. Oktober 1944 herum wurden mir weitere Entschlüsse erspart. Durch Melder erhielt ich den Befehl: „Feindliche Armee (es war die 11. sowjetische Garde-Panzerarmee im Rahmen der 3. weißrussischen Front) greift südlich der Straße Eydtkau – Insterburg mit starken Kräften an, die eigene Frontlinie ist nördlich und südlich des Wystiter Sees durchbrochen. Fallschirmjägerregiment 16 löst sich sofort vom Feind, räumt den Brückenkopf und erreicht im Eilmarsch Gumbinnen. Von dort Angriff nach Süden. Pionierbataillon Witzig verbleibt bis auf weiteren Befehl im Raum Kuckerneese. Das Regiment wird ab sofort dem in Aufstellung begriffenen Panzerkorps ‚Hermann Göring' unterstellt Korpsgefechtsstand im Raum Trakehnen." Also ging es mal wieder von Schwerpunkt zu Schwerpunkt. Sofort erging Befehl an alle Bataillone: „Brückenkopf mit Einbruch der Dunkelheit räumen, zuerst westliches, dann gleichzeitig östliches und nördliches Bataillon. Dieses Lösen vom Feind war schwierig, aber es gelang. Die Artillerie und unsere schweren Waffen halfen sehr den infanteristisch vorn eingesetzten Kompanien. Leider gab es Verluste. Der Regimentsadjutant fuhr mit Beiwagenkrad nach Ausgabe des Regimentsbefehls ab zum Panzerkorps „Hermann Göring". Er hatte zu melden, dass sich das Regiment erst aus dem Brückenkopf lösen müsse, um dann, fast ohne Fahrzeuge, den Raum Gumbinnen zu erreichen. Dies könne kaum vor dem nächsten Nachmittag mit ersten Teilen erfolgen.

Der Adjutant sollte die genaue Feindlage klären und dann schnellstens nach Kuckerneese zurückkehren. Er sollte melden, der Regimentskommandeur Regiment 16 sei voraussichtlich ab Vormittag auf dem Bahnhof Gumbinnen. So geschah es auch. Ich bin, nachdem alle Teile bis auf kleine Reste, die Witzig mit Booten holen sollte, nachdem die Brücke gesprengt war und die Behelfsbrücke brannte, mit wenigen

Männern des Regimentstabes nach Gumbinnen gefahren. Die Bataillonkommandeure sollten alles für den Marsch organisieren und dann zum Bahnhof Gumbinnen vorauseilen. Außerdem konnte ich erste Weisungen für den neuen Einsatz geben, als der Regimentsadjutant am späten Abend vom Panzerkorps „Hermann Göring" zurückkam.

Das, was der Regimentsadjutant, Stabsarzt Dr. Uhlig, brachte, war allerdings nicht geeignet, klar zu sehen. Die Lage stellte sich mir so dar: Der Russe war beiderseits des Wystiter Sees durchgebrochen und mit Masse Richtung Westen vor allem in die Rominter Heide vorgestoßen. Die Panzerdivision „Hermann Göring" verteidigte in langer Front südlich der Linie Hochfließ – Trakehnen – Mühlengarten mit Front nach Süden. Wie es südlich Gumbinnen aussah und ob der Feind südlich weiter nach Westen angreift, wusste Dr. Uhlig nicht.

Also fuhr ich zum Bahnhof von Gumbinnen und mag dort (wohl am 16. Oktober) gegen 8.00 Uhr angekommen sein. Auch dort lief alles wild durcheinander. Der Bahnhofsvorsteher sagte mir, der im Bahnhof stehende (lange) Güterzug mit offenen und geschlossenen Güterwagen fahre in einer Stunde als letzter Zug ab (die Züge fuhren dann doch noch bis Januar 1945). Viele Zivilpersonen stiegen auf die Waggons. Eine junge Frau mit 2 kleinen Kindern sprach mich an: Ich will mit, habe aber gar nichts dabei. Ich sagte: „Hier mein Schlauß passt auf Ihre Kinder auf, rennen Sie in Ihre Wohnung und holen Sie 2 Koffer voll!" Sie kam noch pünktlich zurück.

Als erster kam der Kommandeur des III. Bataillons. Ich befahl ihm, zunächst Eggenhof zu nehmen und dann beiderseits der Bahnlinie Gumbinnen – Großwaltersdorf anzugreifen. Das II. Bataillon würde ich rechts und das I. Bataillon links von ihm angreifen lassen. Ich selbst ging und fuhr, um die Lage zu peilen auf der Straße Richtung Großwaltersdorf. Ich kam nicht weit, da das III. Bataillon bei Gumbinnen noch nicht voll versammelt und angetreten war. Etwa 4 Kilometer südlich Gumbinnen stand eingegraben eine Flakbatterie und schoss auf Feindpanzer, die von Süden her kamen. Ich fuhr zurück, um Hauptmann Wangerin die Lage mitzuteilen und fuhr direkt dem kommandierenden General des Panzerkorps „Hermann Göring", Herrn General Schmalz, und seinem Chef des Stabes, Oberst im Generalstab von Baer, in die Arme. Die Herren freuten sich, dass ich schon da war, zumal wir beobachten konnten, dass erste Teile des III. Bataillon nach Süden vorgingen.

Hier ist zu sagen, dass Gumbinnen damals von russischen Panzern nicht genommen wurde, ist den dort eingesetzten Flakbatterien, die Oberstleutnant Prentl (später Flakkommandeur des deutschen II. Korps der Bundeswehr) befehligte, zu verdanken. So hatte auch unser Regiment Luft, sich südlich Gumbinnen zu entfalten.

Mit General Schmalz und Oberst von Baer wurde ich nun in die Lage dieses (im Werden befindlichen) Korps eingewiesen und erhielt genaue Befehle. Ich sollte nach Süden angreifen und dann beiderseits Großwaltersdorf an der Rominte eine Front nach Osten bilden.

Auch das I. und II. Bataillon kamen im Laufe dieses Tages im Raum Gumbinnen an und griffen Richtung Süden an. Nicht erschienen waren das IV. Bataillon unter

Hauptmann Richter und das V. Bataillon unter Hauptmann Hubert (diese sollten sowieso in Kuckerneese bleiben, bis die Lage dort völlig geklärt, d. h. alle Teile des Regimentes auf dem Südufer der Memel waren).

Das Bataillon Witzig habe ich nicht mehr gesehen.

Soweit der Bericht von Oberstleutnant Schirmer, dem Major Witzig mit seinen Fallschirmpionieren bei diesem Einsatz unterstellt war. Hier die Zusammenfassung von Major Witzig über die dramatischen Einsätze der letzten Monate.

Die Zusammenfassung der Kämpfe in Ostpreußen und Litauen durch Major Witzig

In den Kämpfen bei Kurmele in Litauten hatte das Bataillon 27 Panzer im Nahkampf vernichtet, verlor aber etwa die Hälfte seiner Soldaten. Schwere Waffen standen nur anfangs zur Verfügung, dann stand das Bataillon alleine, ohne Nachbarn, und konnte schließlich dezimiert und erschöpft, auf nächtlichen Schleichwegen wieder eigene Stellungen erreichen. Oberleutnant Walter, Chef der 2. Kompanie war gefallen.

Danach wurde das Bataillon wieder dem Fallschirmjägerregiment 16 unterstellt. Es wurde in harten Abwehrgefechten, besonders am 30./31. Juli und vom 15. bis 18. August 1944 an der Scheschuppe eingesetzt, der Gefechtsstand war in Drebuline. In diesen Tagen fiel auch Feldwebel Beckmann vor dem Feind. Sein Schicksal war für die Haltung und Einsatzbereitschaft unserer Soldaten typisch. 14 Tage zuvor war er nach der Flucht aus französischer Gefangenschaft in Algerien – er war an den Sprungeinsätzen des 3./Korps-Fallschirm-Pionierbataillon am 30. Dezember 1943 in Ost-Algerien beteiligt – auf schwierigen Umwegen über Spanisch-Marokko und Spanien wieder nach Deutschland gelangt und war uns unverzüglich nach Litauen gefolgt. Er verdient die größte Hochachtung.

Mitte August 1944 wurde das Bataillon wieder Einsatzreserve des Fallschirmjägerregiments 16 und verlegte Nacht für Nacht Minen vor der Stellung. Wie sehr das Regiment und das I./Fallschirm-Pionierregiment 21 bereits zusammengeschmolzen war, zeigen folgende Zahlen: Das Bataillon hatte insgesamt noch 8 Offiziere, 62 Unteroffiziere und 212 Mannschaften. In der Stellung waren 4 Offiziere, 33 Unteroffiziere und 151 Pioniere. Die Gesamtstärke betrug nur noch 282 Soldaten, etwa ein Viertel der Stärke nach der Neuaufstellung. Am 1. Oktober 1944 wurde das Fallschirmjägerregiment 16 mit dem I./Fallschirm-Pionierregiment 21 aus der Stellung herausgelöst und erreichte im Eilmarsch Kuckerneese bei Tilsit. Während das Regiment einen Brückenkopf nördlich der Memel bildete, blieb das Bataillon am Südufer, errichtete und betrieb Fährstellen und bereitete die Straßenbrücke Kuckerneese sowie eine Behelfsbrücke ca. 5 Kilometer ostwärts davon zur Sprengung vor. Als Fährseil wurde die Straßenbahnoberleitung aus Tilsit verwendet. Am 14. Oktober 1944 wurde das Fallschirmjägerregiment 16 nach erfolgreicher Verteidigung des Brückenkopfes herausgelöst und verlegte in den Raum Gumbinnen, während das I./Fallschirm-Pionierregiment 21 in Kuckerneese verblieb. Die Unterstellung endete damit. Etwa zur gleichen Zeit erfuhr ich von dem in Ostpreußen entstehenden Panzerkorps „Hermann Göring", und von der Planung, das I./Fallschirm-Pionierregiment 21 dorthin zu übernehmen. Noch war kein Befehl eingegangen und die Absicht des Fallschirm-Armeeoberkommandos war mir unbekannt. Das Bataillon war sehr geschwächt; wir hatten in Litauen/Ostpreußen noch keinen Ersatz bekommen, hatten aber unverhältnismäßig viele und zum Zugführer geeignete Unteroffiziere und Feldwebel. Darum hatte ich Leutnant Schürmann anlässlich einer Dienstreise nach Berlin zu Generaloberst Student, Kommandeur der Fallschirmarmee, gesandt, um unsere Lage darzustellen mit dem Antrag, das Bataillon herauszulösen und aufzufüllen oder aber aufzulösen und für die in Holland geplanten Neuaufstellungen von Fallschirmpionierbataillonen zu verwenden. Ich hielt es nicht mehr für sinnvoll, das Bataillon ohne eine Auffrischung, die in dieser Kampfpause gerade möglich erschien, den in Ostpreußen zu erwartenden Kämpfen auszusetzen. Kurz darauf kam der Transportbefehl.

Das Ende des I./Fallschirm-Pionierregiment 21 – Das Eichenlaub für Major Witzig

Ende Oktober wurde das Bataillon herausgezogen und erreichte im Eisenbahntransport Güstrow und Bützow in Mecklenburg, wahrscheinlich der letzte Transport eines Truppenverbandes aus Ostpreußen heraus. Dort wurde das I./Fallschirm-Pionierregiment 21 aufgelöst und unverzüglich wie folgt aufgeteilt:

Die Masse von Stab, Nachrichtenzug und Sanitätsgruppe wurde zur 6. Fallschirmdivision nach Holland versetzt, zur Aufstellung des Fallschirmjägerregimentes 18. Major Witzig wurde dort Regimentskommandeur und konnte damit gleich über einen arbeitsfähigen Stab verfügen. Mit ihm ging sein langjähriger Adjutant, Oberleutnant Tiemens, der Führer des Nachrichtenzuges, Leutnant Heise und weitere Dienstgrade, unter ihnen auch Oberfeldwebel Pries vom Nachrichtenzug. Oberleutnant von Albert übernahm die Führung des Ersatz- und Ausbildungsbataillons 2, Güstrow.

Ein Teil ging zur Neuaufstellung des Fallschirm-Pionierbataillons 2 unter Hauptmann Gasteyer unter anderem auch Leutnant Fromme, Leutnant Ackermann und Oberfähnrich Wenhart. Ein weiterer Teil ging zur Neuaufstellung des Fallschirm-Pionierbataillons 6 unter Major Stipschütz, später Hauptmann Meixner. Zu diesem Bataillon ging die 3. Kompanie mit dem größten Teil der Männer des Zuges von Oberfeldwebel Herden, der auch hier wieder die Führung eines Zuges übernahm.

Damit endet die Geschichte des Korps-Fallschirm-Pionierbataillons und I./Fallschirm-Pionierregiments 21. Die Trennung verlief rasch und formlos, nicht einmal für einen Abschiedsappell blieb Zeit. Den meisten Pionieren, Unteroffizieren und Offizieren aller Grade und Funktionen wurde wohl erst später in dem schweren und turbulenten Kriegswinter 1944/45 bewusst, dass sie mit der Auflösung einen Teil Heimat verloren hatten.

Das Korps-Fallschirm-Pionierbataillon und I./Fallschirm-Pionierregiment 21 hatte seine Aufgabe treu und zuverlässig erfüllt und oft genug mehr als seine Pflicht getan. Major Witzig schrieb: „Ich bin bis ans Ende meiner Tage stolz darauf, dass ich diese guten Soldaten durch fast drei Kriegsjahre habe führen dürfen. Allen Gefallenen, seither verstorbenen und lebenden Angehörigen meines Bataillons habe ich zu danken."

Eingesetzt mit Teilen in El Alamein unter Ramcke und Rommel, hatte das Bataillon Witzig zu eine der stärksten und zuverlässigsten Einheiten in den langandauernden Abwehrkämpfen in Tunesien und, wohl als tragischen Höhepunkt, an der Ostfront in Litauen, bei der Ortschaft Kurmele gehört. Hier das Höchste bringend, was von Menschen, von Soldaten überhaupt verlangt werden konnte, wurde durch die Verleihung des Eichenlaubs zum Ritterkreuz an den Führer dieser Männer, Major Witzig, der diese Auszeichnung am 25. November 1944 erhielt und damit der höchstdekorierte Offizier der Fallschirm-Pioniere des Zweiten Weltkrieges wurde, zum Ausdruck gebracht, was diese Einheit geleistet hatte.

Der als Anlage beigefügte Befehl des Oberkommandos der Luftwaffe vom 29. November 1944 ist zweifellos nicht ausgeführt worden. Das Fallschirm-Armeeoberkommando dürfte dem zuvorgekommen sein. Jedoch hatte das Panzerkorps „Hermann Göring" ein „Fallschirm-Pionierbataillon 21 z. b. V. „Hermann Göring" aufgestellt, das die Feldpost-Nummern des I./Fallschirm-Pionierregiments 21 übernahm. Keiner der dort genannten Soldaten stammt vom I./Fallschirm-Pionierregiment 21.

Major Witzig und das Fallschirmregiment 18 – Bis zum bitteren Ende

Major Witzig hatte die Aufgabe erhalten, das Fallschirmjägerregiment 18 im Raum Meppel, Nordholland wieder neu aufzustellen und als sein Regimentskommandeur zu führen, das als eines von 3 Fallschirmjägerregimentern zum Kern des im Juni 1944 vom Oberkommando der Luftwaffe im Raum um Amiens aufgestellten 6. Fallschirmjägerdivision wurde. Die Regimenter wurden aus Angehörigen der Fliegerausbildungs- und Fliegerersatzregimentern sowie Ersatzmannschaften der Fallschirmjägerschulen gebildet. Seinen Adjutanten, die Masse seines Stabes, den Nachrichtenzug und die Sanitätsgruppe hatte Major Witzig von seiner alten Einheit, dem I./Fallschirm-Pionierregiment 21 mitgebracht, so dass er sehr schnell über einen funktionierenden Stab verfügte.

Die 6. Fallschirmjägerdivision gliederte sich wie folgt:

Fallschirmjägerregiment 16
Fallschirmjägerregiment 17
Fallschirmjägerregiment 18
Fallschirm-Artillerieregiment 6
Fallschirm-Granatwerferabteilung 6
Fallschirm-Nachrichtenabteilung 6
Fallschirm-Pionierbataillon 6
Fallschirm-Panzerjägerabteilung 6
Fallschirm-Flakabteilung 6
Fallschirm-Sanitätsabteilung 6
Nachschubführung/Versorgungseinheiten 6
Fallschirm-Feldersatzbataillon 6
Fallschirm-Luftnachrichtenabteilung 6

Kommandeur der neu aufgestellten 6. Fallschirmjägerdivision war Generalleutnant Plocher, der dieses Kommando von Juni 1944 bis Mai 1945 führte. (Für die Abwehrerfolge seiner Division in Holland und am Niederrhein erhielt Generalleutnant Plocher noch am 8. Mai 1945 als 867. deutscher Soldat das Eichenlaub zum Ritterkreuz. Das Ritterkreuz war ihm bereits als Chef des Generalstabes der Luftflotte 3 im Rang eines Generalmajors verliehen worden. Die Auszeichnung mit dem Eichenlaub wurde von Großadmiral Dönitz als letztem deutschen Staatsoberhaupt vorgenommen.)

Mit dem Fallschirmjägerregiment 18 nahm Rudolf Witzig an den verlustreichen Kämpfen der 6. Fallschirmjägerdivision in Holland und am Niederrhein teil. Gegen eine vielfache Übermacht, kämpfte die Division sich hinhaltend über Gennep – Kleve – Kalkar – Xanten – Hochwald nach Enschede und Hengelo zurück über den Rhein nach Osten. In Oldenburg erfolgte dann die Kapitulation der 6. Fallschirmjägerdivision und Major Witzig geriet mit seinen Männern für kurze Zeit in Gefangenschaft.

Rudolf Witzig nach dem Krieg

Nachkriegszeit und Einsatz bei der Bundeswehr

Nach dem Krieg studierte der Pionier Rudolf Witzig Bauwesen und arbeitete als Bauingenieur und Bauführer im Tief- und Wasserbau. Am 16. Januar 1956 trat er als einer der ersten ehemaligen Fallschirmjäger als Oberstleutnant in die neu gegründete Bundeswehr ein und führte hier zunächst als Leiter den Pionierstab III in Düsseldorf und übernahm kurz darauf als Kommandeur das Pionierbataillon 1 in Holzminden. Nach einer Verwendung im Heeresamt als Dezernent für Brücken und Übersetzungsmittel, war er ab 1. Februar 1965 als Leiter des Spezialstabs ATV an der Pionierschule in München tätig. Im Oktober 1965 zum Oberst befördert, war er hier für die Entwicklung und Erprobung modernen Pioniergerätes und das Erarbeiten von Führungs- und technischen Vorschriften für die Pioniertruppe zuständig. In dieser verantwortungsvollen Position hat Rudolf Witzig wegweisend für die Pioniertruppe gewirkt. Am 30. September 1974 schied Oberst Rudolf Witzig aus dem aktiven Dienst aus und ging in den wohlverdienten Ruhestand.

Rudolf Witzig und der Bund deutscher Fallschirmjäger e.V. – Nachruf auf Rudolf Witzig

Nach Kriegsschluss und der Heimkehr der überlebenden Fallschirmjäger aus der Kriegsgefangenschaft, schlossen sich 1949 die Heimgekehrten zum Bund deutscher Fallschirmjäger zusammen. Ziel dieses Zusammenschlusses war es, „frei von politischen und konfessionellen Bindungen einen Kameradschaftsverband mit sozialer und karitativer Zielsetzung zu bilden“. Ihr allen gemeinsames Sprachrohr war die Monatszeitschrift „Der deutsche Fallschirmjäger“. In ihr wurde alles, was für die Kameradschaft von Belang war, behandelt. Besonderes Ziel aber war die Zusammenführung alter Kameraden, die sich aus den Augen verloren hatten, und der Suchdienst nach vermissten Soldaten der Fallschirmtruppe.

Dass die Pflege der alten Kameradschaft an oberster Stelle stand, verstand sich von selber. Oberst a. D. Rudolf Bäumler, einer der Verteidiger des Monte Cassino, war als Chefredakteur des „Fallschirmjäger“ ein begnadeter Sachverwalter, der seiner Truppe bereits sehr früh mit zwei ausgezeichneten Büchern ein Denkmal setzte. Generaloberst a. D. Kurt Student, Präsident dieses Bundes ehemaliger alter Soldaten, trug wesentlich mit dazu bei, dass der Traditionsverband auch im Ausland und bei den ehemaligen Gegnern in hohem Ansehen stand. Er war die treibende Kraft, wenn es galt, nach den Schicksalen der über 30.000 vermissten Fallschirmjäger zu forschen.

General der Fallschirmtruppe Hermann Bernhard Ramcke, Generalmajor a. D. Hans Kroh und Generalmajor a. D. Heinz Trettner waren jene Soldaten der ersten Stunde, die nach dem totalen Zusammenbruch den ersten Kontakt zum ehemaligen Gegner aufnahmen. Kurt Student wurde 1959 zum Vizepräsidenten des neuseeländischen Frontkämpferverbandes ernannt, jener Soldaten also, die auf Kreta die härtesten Gegner der deutschen Fallschirmjäger waren und die ihm und den Fallschirmjägern auch nach dem Kriege noch Fairness und Tapferkeit bescheinigten.

Rudolf Witzig fehlte bei keinem Bundestreffen des Bundes deutscher Fallschirmjäger e.V. und stand von 1980 bis 1988 als Erster Bundesleiter an der Spitze des Fallschirmjägerbundes.

Als Rudolf Witzig am 3. Oktober 2001 im Alter von 85 Jahren zur „Großen Armee" abberufen wurde, trauerten neben seinen Angehörigen viele seiner ehemaligen Kameraden. Professor Heinz Bliss, damaliger Präsident des Bundes der Fallschirmjäger schrieb in seinem Nachruf:

„Wir, die wir unter seinem Kommando gekämpft haben, kannten ihn als einen Offizier, der viel verlangte und sich aber selbst auch nicht schonte. Im Krieg wie im Frieden galt sein Herz seinen Soldaten. Lieber getreuer Kamerad Oberst Rudolf Witzig! Wenn wir jetzt von Ihnen Abschied nehmen müssen, dann darf ich das mit einem Spruch aus der germanischen Edda tun der da lautet: ‚Besitz stirbt, Sippen sterben, du stirbst wie sie. Doch eines weiß ich, das ewig lebet – der Toten Tatenruhm.'"

Major Rudolf Witzig

Geboren: Am 14. August 1916 in Röhlinghausen/Kreis Wanne-Eickel in Westfalen
Verstorben: Am 3. Oktober 2001 im Alter von 85 Jahren in Oberschleißheim/Bayern

Auszeichnungen:
Ritterkreuz am 10. Mai 1940 als Oberleutnant und Führer der Sturmgruppe „Granit“ in der Fallschirmjäger Sturmabteilung „Koch“ für die Eroberung der Festung Eben Emael in Belgien
662. Eichenlaub zum Ritterkreuz am 25. November 1944 als Major und Kommandeur des I./Fallschirmpionierregiments 21
Deutsches Kreuz in Gold am 17. Oktober 1943
Ehrenblattspange der Luftwaffe
Nennung im Wehrmachtsbericht am 10. Mai 1940 (Sondermeldung), 11. Mai 1940 (Sondermeldung) und am 8. August 1944
EK I und EK II

Beförderungen:
1937 zum Leutnant
1939 zum Oberleutnant
Im Mai 1940 zum Hauptmann
1. September 1942 zum Major

Nach dem Krieg:
16. Januar 1956 Eintritt in die Bundeswehr als Oberstleutnant
30. September 1974 Eintritt in den Ruhestand im Rang eines Oberst
Erster Bundesleiter des Bundes der Fallschirmjäger von 1980 bis 1988

Der Kontrollblick in die Luft war überlebenswichtig. Was machen die Jabos, drehen sie endlich wieder ab? Ab 1943/44 war die alliierte Luftüberlegenheit für die deutschen Soldaten erdrückend.

Die Fallschirmpioniere vollenden ihre Ausbildung in der Normandie, von wo sie kurz vor der alliierten Invasion nach Russland verlegt werden. Hier eine Geländeübung mit einem Stoever-Mannschaftswagen.

Kräftezehrendes Anschleichen mit einem Schlachtboot zum Flussufer.

Der bewährte VW-Schwimmwagen
wurde auch in der Fallschirmtruppe sehr gerne verwendet.

Endkampf in Deutschland, Februar 1945. Major Witzig mit
Generalleutnant Plocher, dem Kommandeur der 6. Fallschirmjägerdivision.

Viele bewährte Fallschirmjäger meldeten sich ab 1956 zum Aufbau der neuen Bundeswehr. Auch Rudolf Witzig brachte seine Erfahrungen ein und beendete seine Dienstzeit als Oberst.

Gerhard Schacht diente auch in der neuen Luftlandetruppe und wurde ebenfalls Oberst.

Hans Kroh, im Kriege mit dem Ritterkreuz mit Eichenlaub und Schwertern ausgezeichnet, brachte es in der Bundeswehr bis zum Generalmajor.

Walter Gericke, Eichenlaubträger der Fallschirmtruppe, beendete seine Laufbahn in der Bundeswehr als Generalmajor.

Anlage

Oberfeldwebel Peter Arent – Einer vom Sturmregiment

In einem Gespräch, viele Wochen nachdem Oberst a. D. Witzig mir seine Ausarbeitung über den Einsatz der Fallschirmpioniere auf allen Kriegsschauplätzen überreicht hatte, kam das Gespräch auf Oberfeldwebel Arent.

Oberst Rudolf Witzig erklärte mir, dass dieser Soldat ein Beispiel für alle jungen Fallschirmpioniere gewesen sei, er in selbstloser und selbstverständlicher Einsatzbereitschaft an allen Fronten das Rückgrat seiner kleinen Gruppen und seines Zuges gewesen war, und dass er jedem Befehl und jeder Bitte unverzüglich entsprochen habe. Oberst a. D. Rudolf Witzig führte aus:

„Als Oberjäger, Feldwebel und Oberfeldwebel war Peter Arent der geborene Soldat, und ich wusste stets: Wo ich ihn hinschickte , welchen Auftrag ich ihm auch immer gab, er würde ihn unter Einsatz seines Lebens ausführen.

Arent war mehr als ein Soldat für mich, er war Freund und Vertrauter, Helfer in der Schlacht und Kamerad für jeden einzelnen seiner Männer.

Peter Arent wurde bereits zu Lebzeiten eine Legende. Immerhin hatte er nicht weniger als sechs Jahre im Feuer gestanden, war in den Feueröfen der Schlachten gehärtet, erprobt seit langem, und fühlte sich für jeden seiner Männer und Kameraden voll verantwortlich.

Peter Arents Tod bei El Bathan hat uns alle ärmer gemacht. In den Herzen derjenigen, die ihn kannten und diesen mörderischen Krieg überstanden, ist er nicht gestorben, sondern von uns gegangen. Die Erinnerung an ihn ist tief in unseren Herzen eingepflanzt."

Hier sein Lebenslauf und Kriegseinsatz.

Peter Arent hatte in Völklingen an der Saar das Schlosserhandwerk erlernt. Nach der Gesellenprüfung ging er im Frühjahr 1935 nach Ostpreußen zur Landhilfe. Von April bis Oktober 1936 genügte er seiner Arbeitsdienstpflicht.

Im November des gleichen Jahres wurde Arent auf Grund seiner Freiwilligenmeldung zu den Pionieren nach Riesa/Elbe einberufen. Noch während seiner aktiven Dienstzeit verpflichtete er sich auf zwölf Jahre und meldete sich freiwillig zur Fallschirmtruppe. Er kam im Frühjahr 1938 zur 1. Kompanie (Hauptmann Koch) des Fallschirmjägerregiments 1 nach Stendal. Als in Hildesheim am 2. November 1939 die „Sturmabteilung Koch" aufgestellt wurde, bildete die 1. Kompanie den Kern dieser Sturmabteilung. Die Aufgabe der „Sturmabteilung Koch" lautete: „Einnahme der Albertkanalbrücken und der Werkgruppe Eben Emael."

Peter Arent nahm an allen Übungen teil, in denen die neuen Kampfmittel erprobt wurden, die bei diesem Einsatz zum ersten Mal verwendet werden sollten. Am verlängerten Westwall bei Münsterbusch stand ein ähnliches Gelände zur Verfügung, wie es im Absprungraum gegeben war. Jeder Fallschirmjäger lernte hier jeden einzelnen seiner zukünftigen Handgriffe auswendig. Nach mehrmaliger Verschiebung wurde der endgültige Angriffstermin festgesetzt:

„10. Mai 1940, 5.35 Uhr."

Oberjäger Arent war der Sturmgruppe „Granit" unter Oberleutnant Witzig zugeteilt, die den Auftrag hatte, auf der modernsten und größten belgischen Werkgruppe Eben Emael zu landen und dieses beherrschende Festungswerk auszuschalten.

Den Alarm erlebte Arent am 9. Mai in der Flakkaserne Hilden bei Düsseldorf, wohin die Sturmgruppe „Granit" verlegt worden war. Sie setzte sich zusammen aus dem Fallschirmpionierzug unter Oberleutnant Witzig und elf Lastenseglern DSF 230 mit ihren Piloten, die zu den besten deutschen Segelfliegern gehörten.

Sofort nach dem Alarm trommelte Oberjäger Arent seinen Trupp 3 zusammen. In schneller Fahrt ging es nach Köln-Ostheim, wo die Bereitschaftsquartiere bezogen wurden. Anschließend wurden die Lastensegler beladen. Um 21.00 Uhr hatten alle Truppführer Oberleutnant Witzig ihre Klarmeldung abgegeben.

„Kameraden, morgen früh geht es in den Einsatz. Wir müssen unter Beweis stellen, dass wir unsere Zeit nicht vertan haben und dass wir alles, was wir lernen mussten, auch gelernt haben." Mit diesen Worten entließ Oberjäger Arent seine Männer in die Quartiere.

„Wann geht es morgen früh los, Herr Oberjäger?", fragte einer.

„Um 2.45 Uhr Wecken, Antreten um 3.30 Uhr mit voller Ausrüstung."

„Werden wir es schaffen?"

„Wir werden kämpfen. Erst hinterher werden wir sehen, was wir geschafft haben."

Der hochgewachsene, schlanke Oberjäger mit dem schmalen Gesicht und den ausdrucksstarken Augen lächelte. Die sechs Männer seines Trupps sahen ihn zuversichtlich. Und etwas von dieser strahlenden Zuversicht ging auch auf sie über. Sie mussten es einfach schaffen. Dies war der erste große Einsatz der neuen Fallschirmtruppe; und waren sie nicht alle Fallschirmjäger geworden, weil sie solche außergewöhnliche Aufgaben übernehmen und lösen wollten?

In der frühen Finsternis des 10. Mai ging die Gruppe Arent zu ihrem startbereit stehenden Lastensegler. Oberleutnant Witzig hatte noch einmal zu ihnen gesprochen, ehe er den entscheidenden Befehl gegeben hatte:

„An die Maschinen!"

Pünktlich um 4.30 Uhr rollten die elf Schleppmaschinen an. Nacheinander hoben die elf riesigen Segler ab und ließen sich in den Morgenhimmel ziehen.

Als die elf Maschinen mit der in Köln-Butzweilerhof gestarteten Gruppe „Eisen" zusammentrafen, kam es zu einem unvorhergesehenen Zwischenfall. Ausgerechnet der Segler mit dem Trupp 11 und dem Sturmgruppenführer Oberleutnant Witzig an Bord musste eine scharfe Ausweichbewegung fliegen, um nicht mit dem Schleppseil einer anderen Maschine zu kollidieren. Dabei riss das Schleppseil, und der Lastensegler mit dem Sturmgruppenführer kam gerade noch über den Rhein zurück. Später fiel noch der Trupp 2 aus, der bei Düren niederging. „Merz“, wandte sich Oberjäger Arent an den Gefreiten, der neben ihm hockte, „Du weißt Bescheid, wenn ich ausfallen sollte!“

„Klar, Peter! Alles intus!“

Sieben Fallschirmjäger hockten in diesem Lastensegler, der von Oberjäger Sapper geflogen wurde. Mit einem Blick überflog Arent die Ausrüstung. Heute musste es sich erweisen, ob die drei Sprengladungen von jeweils 30 Kilo das hielten, was sie bei den Übungen versprochen hatten. Würden sie damit die Kuppeln des Werkes 12 knacken können?

Neben diesen drei gewaltigen Hohlladungen führte der Trupp noch sechs Ladungen zu je drei Kilo, drei Ladungen zu 12,5 Kilo, ein paar Sprengrohre, einen Sprengmittelkasten, eine Leuchtpistole, MG und MPi sowie vier Karabiner mit.

Peter Arent blickte sich nach seinen Männern um. Ihre Gesichter waren klar und hell – wie immer. Nichts von Furcht. Sie waren durchdrungen von dem Ziel, ihr Können unter Beweis zu stellen. Peter Arent wusste auf einmal, dass sie es schaffen würden.

„Achtung, wir sind über Kopf! – Ausklinken!“

Die Meldung der Schlepp-Ju ließ Oberjäger Sapper handeln. Ein Ruck ging durch den Lastensegler. Er schwebte frei, und nun stürzte er in steiler Spirale der Erde entgegen. Alle Männer in den Seglern wussten, dass sie von diesem Augenblick an völlig allein auf sich gestellt waren. Nun hieß es kämpfen.

Schnell kam die Werkgruppe näher. Oberjäger Sapper erkannte „seine“ Kasematte. Er hatte sie oft genug im Sandkasten gesehen. Drei Geschützrohre ragten nach Osten. Das war ihr Ziel. Er drückte die Maschine noch mehr. Rasend schnell flogen sie der Erde entgegen. Noch im Abfangen setzte der Lastensegler keine fünfzig Meter südlich oberhalb des Objektes auf.

„Raus und ran, Männer!“

Die sieben Fallschirmjäger stürzten ins Freie. Oberjäger Arent sah drei, vier Segler zur Landung ansetzen. Weiter rechts krachte einer im Steilflug in den Boden, am Nordzipfel setzten zwei weitere Segler auf. MG-Feuer peitschte über das Plateau des Werkgruppendaches. Ein paar Geschütze feuerten.

Gefreiter Merz keuchte hinter Arent her. Er trug eine der 12,5-Kilo-Ladungen. Arent war schon am Objekt. „Hier ansetzen, Merz!“

Die Ladung wurde angesetzt. Mit einem unerhört harten Schlag detonierte sie und sprengte tatsächlich eine Scharte in die Kasematte.

Hintereinander drangen die sieben Fallschirmjäger in die Kasematte ein. Eine Pistole bellte. Peter Arent antwortete mit seiner MPi. Der Feuerstoß ließ die anrennenden Gegner zusammenbrechen. Karabiner krachten, und dann rasselte das MG einen kurzen Feuerstoß. Die Kasematte 12 mit ihren drei 7,5 cm-Geschützen war in der Hand des Trupps 3.

„Wir haben die Kasematte, Herr Oberjäger!“

„Zur Verteidigung einrichten. Aufpassen, dass kein Gegner aus der Sohlentiefe durch den Gang kommt.“ Zwei Fallschirmjäger sicherten den Gang, um einen eventuell angreifenden Gegner zu empfangen. Alles war schnell, sehr schnell vor sich gegangen.

„Merz, Heinrich und Schmidt mit Dreikiloladungen folgen!"

Arent verließ die Kasematte und rannte mit den drei Männern tief geduckt in südwestlicher Richtung weiter. Nach hundert Metern erreichten sie den als Beobachtungsturm eines Geschützes angesprochenen Punkt, der sich aber als Entlüftungsschacht erwies.

„Die Dreikiloladung hinein, Schmidt!"

Wieder krachte eine Detonation durch den Morgen, die aber von dem infernalischen Getöse einiger 50 Kilo-Ladungen völlig verschluckt wurde.

MG-Feuer peitschte noch immer über das Plateau, dazwischen hallten die gewaltigen Detonationen, die die Panzerkuppeln der Werkgruppe Eben Emael zerschmetterten.

Zehn Minuten nach der Landung hatten sieben Trupps mit insgesamt 55 Mann zehn Feindwerke angegriffen und zerstört. Sieben Panzerkuppeln waren geknackt, zwei Scheinkuppeln, zwölf 7,5 cm-Geschütze und zwei 12 cm-Geschütze vernichtet.

Neben den zwei ausgefallenen Trupps waren zwei weitere im Nordabschnitt der Werkgruppe gelandet, wo sie nicht in den Kampf eingreifen konnten.

„Herr Oberjäger, Befehl von Feldwebel Wenzel. Wir sollen die Grabenstreiche Werk 4 mit den beiden Pak-Geschützen außer Gefecht setzen."

„Hat Feldwebel Wenzel die Führung des Zuges übernommen?"

„Sieht so aus, als würde er für Oberleutnant Witzig das Kommando übernehmen. Er sollte ja auch mit seinem Trupp 4 und dem Trupp 11 gemeinsam die drei Werke 19, 20 und 21 nehmen."

„Dann los! – Wir holen uns eine 50 Kilo-Ladung!"

Wieder arbeitete sich Oberjäger Arent mit drei Männern durch das Gelände, über dem immer noch MG- und Geschützfeuer lag. Sie erreichten die Grabenstreiche. Die beiden Feind-MG, durch die Beobachtungskuppel eingewiesen, feuerten durch die lange Streiche bis zum Albert-Kanal.

Die vier Männer arbeiteten sich von der Seite heran, und es gelang ihnen, die schwere Ladung auf die Beobachtungskuppel zu setzen. Sofort gingen die Männer in Deckung, trotzdem presste sie der Druck der Detonationswelle gegen den Boden. Als sie sich wieder an die Kuppel herangearbeitet hatten, sahen sie das fast runde Loch, das in den schweren Stahlkörper gleichsam hineingestanzt worden war. Die Beobachtungskuppel war total zerstört und die gesamte Besatzung getötet worden. Die Männer eilten zu ihrer Kasematte zurück, denn jetzt begannen die Belgier die Oberfläche der Werkgruppe mit ihrer weiter hinten liegenden Artillerie zu beschießen.

Feldwebel Helmut Wenzel, der die Führung der Sturmgruppe übernommen hatte, kämpfte mit letztem persönlichen Einsatz. Er, der das Pionierhandwerk beim Pionierbataillon 1 in Königsberg erlernt hatte, erwies sich als der Kuppelknacker. Nur eine Unterlassung brachte ihn um das verdiente Ritterkreuz. Aber noch war der Kampf nicht beendet. Noch verteidigte sich der Gegner, der unter den Fallschirmjägern in den weiten Katakomben der Werkgruppe in Stärke von 1.200 Mann lag. 55 Fallschirmjäger kämpften gegen 1.200 Gegner, unter dauerndem Beschuss durch überlegene Artillerie.

Doch schon der erste Funkspruch, der Major Koch von der Werkgruppe erreichte, stimmte diesen zuversichtlich. Er lautete:

„5.42 Uhr: Eben Emael: Objekt erreicht. Alles in Ordnung."

Um 8.35 Uhr ließ Feldwebel Wenzel den zweiten Funkspruch los:

„Eben Emael: Feind wird weiter zurückgeschlagen. Höhen werden besetzt."

Es war einfach unglaublich. 55 Fallschirmjäger waren dabei, das stärkste Festungswerk des Gegners außer Gefecht zu setzen.

Fünf Minuten vor diesem zweiten Funkspruch war ein einzelner Lastensegler auf der Werkgruppe Eben Emael gelandet. Es war Oberleutnant Witzig gelungen, den notgelandeten Segler mit einer sofort herbeigerufenen Ju 52 wieder aus dem Acker herauszuziehen. Und wider Erwarten gelang es ihm auch, auf der Werkgruppe zu landen, wo er den Befehl über die Sturmgruppe übernahm.

Noch einmal beteiligte sich Oberjäger Arent an einem von Werk 12 in Richtung auf das noch feuernde Werk 3 angesetzten Spähtrupp, der jedoch aufgerieben wurde. Bei Einbruch der Nacht erhielt Arent den Befehl, das Werk 12 wieder zu räumen, da die Gefahr eines überraschenden Feindangriffs bestand. Vor Verlassen des Werkes ließ er den Eingang in die unterirdischen Katakomben mit einer 50-Kilo-Ladung sprengen.

Diese und gleichartige Sprengungen in den Werken 13 und 19 lähmten den Widerstandswillen des Gegners, der glaubte, die Deutschen seien schon in den Hohlgängen der Kasematten.

Am nächsten Tag erreichten die ersten Entsatztruppen des Pionierbataillons 51 unter Oberstleutnant Mikosch die Werkgruppe. Als erster kämpfte sich Oberfeldwebel Portsteffen zu den Fallschirmjägern durch. Die Besatzung von Eben Emael ergab sich. Von den eingesetzten 85 Fallschirmjägern waren sechs gefallen und zwanzig leicht oder schwer verwundet. Rund 1.200 Belgier hatten vor ihnen die Waffen gestreckt.

Oberjäger Arent verließ mit seinem Trupp gegen 16.00 Uhr die Werkgruppe. Für seinen vorbildlichen Einsatz wurde er mit dem Eisernen Kreuz II. und I. Klasse ausgezeichnet. Wenig später folgte seine Beförderung zum Feldwebel wegen Tapferkeit vor dem Feind.

Oberleutnant Walter Gastmeyer sagte später über diesen Einsatz:

„Oberjäger Arent war einer der Tapfersten. Seine Haltung, seine Umsicht und sein persönliches Beispiel im Einsatz gegen Eben Emael sind weit über den Rahmen des Sturmregiments hinaus bekannt."

Auch auf Kreta war Arent, inzwischen zum Feldwebel befördert im Verband des Sturmregiments unter Generalmajor Meindl eingesetzt. Beim Kampf um den Flugplatz Malemes und die Höhe 107 zeichnete er sich abermals aus. Er kämpfte ein Flakgeschütz nieder, wurde dabei leicht verwundet, kämpfte mit seinem Zug aber weiter. Wegen Tapferkeit vor dem Feind wurde er nach diesem Einsatz zum Oberfeldwebel befördert.

Im Dezember 1941 ging Oberfeldwebel Arent mit dem I. Bataillon des Sturmregiments unter Führung von Major Koch nach Russland. Im Raum Schaikowka gehörte er mit zu den Verteidigern des Flugplatzes Anissowo-Gorodischtsche. Bei Temperaturen von mehr als minus 40 Grad kämpfte Oberfeldwebel Arent gegen sowjetische Eliteeinheiten.

Monatelang eingeschlossen, gaben die Männer um Major Koch den Flugplatz nicht preis. Dann wurde das Bataillon herausgezogen, und mit Oberleutnant (damals Leutnant) Gastmeyer baute Arent die Einheit „L 13 028" – den Fallschirmjäger-Pionierzug des Regiments 5 – auf, dessen Führung er übernahm.

Als in der ersten Novemberwoche 1942 die Alliierten in den Häfen Algier, Oran und Casablanca landeten, wurde das Fallschirmjägerregiment 5 unter Oberstleutnant Koch von den Flugplätzen um Neapel und Trapani nach Nordafrika geflogen.

Als die 40 Ju 52 des Regiments auf dem Flugplatz El Aouina bei Tunis landeten, stieß schon die Kampfgruppe B der 1. US-Panzerdivision (General Robinett) auf Tunis vor. General Eisenhower rechnete fest mit der Eroberung der Stadt. Doch es sollte anders kommen. Und es kam anders, weil das Fallschirmjägerregiment 5 zur Stelle war.

Oberfeldwebel Arent landete schon am 12. November 1942 mit seinem Pionierzug in Bizerta. Er war der 1. Kompanie des „Feldbataillons Tunis" unterstellt.

Bei der Landung wurde er von zwei Fallschirmjägern empfangen.

„Herr Oberfeld, wir haben schon den Nachschub rangeschafft!"

Arent erkannte zwei Männer seines eigenen Zuges. Ein Schmunzeln ging über sein Gesicht.

„Ihr seid aber auf Draht! Das dürfte das erste Mal sein, dass der Nachschub schneller da war als wir."

Nun, die beiden Fallschirmjäger hatten mit einer Nachschub-Ju die Verbindung zu dem übrigen Pulk verloren und waren als erste auf dem Flugplatz gelandet.

Zunächst richtete sich Oberfeldwebel Arent zur Verteidigung ein. Das wenig später landende Fallschirmjäger-Pionierbataillon unter Major Witzig übernahm die Sicherung entlang der Piste Mateur – Abiod. Damit war der schnelle Vorstoß der 78. britischen Infanteriedivision zu Ende, denn Major Witzig ließ seine Fallschirmjäger sofort bis ostwärts Abiod vorstoßen. Die Fallschirmpioniere setzten sich im Jefna-Tunnel fest und hielten ihre Stellungen bis zu ihrer Ablösung Mitte Januar 1943.

Oberstleutnant Koch hatte den Kessel von Tebourba, von Südwesten angreifend, fast erreicht. Er ließ Arent zu sich kommen.

„Arent, Sie müssen mit Ihrem Zug die Verbindung zum Fallschirmjägerregiment des Oberst Barenthin herstellen. In Tebourba liegen noch immer zwei Kompanien des Regiments Barenthin eingeschlossen."

„Weiterer Auftrag, Herr Oberstleutnant?"

„Wenn Sie Verbindung aufgenommen haben, sperren Sie die Verbindungsstraße zwischen Tebourba und Medjez el Bab." „Dann hätten wir den Gegner im Sack, Herr Oberstleutnant?"

Oberstleutnant Koch nickte. Sein Blick musterte die schlanke Gestalt von Arent. Das waren seine Fallschirmjäger – unerschrocken und ohne viele Worte.

„Machen Sie's gut, Arent!"

„Ich werde mir Mühe geben, Herr Oberstleutnant."

An der Spitze seines Pionierzuges durchbrach Oberfeldwebel Arent die rückwärtigen Sicherungen der Engländer. Er schoss sich förmlich durch den Gegner hindurch. Mit Handgranaten und Sprengmitteln erkämpften sich die Pioniere den Weg nach Tebourba.

Dann führte Arent seinen Zug zu der wichtigen Straßenbrücke über den Medjerda, vier Kilometer westlich El Bathan.

„Die beiden MG links und rechts der Brücke in Stellung bringen. Merz, du gehst mit deinem Trupp mit mir."

„Wenn wir die Brücke wenigstens sprengen könnten, Peter."

„Wir haben keine Sprengmittel, aber wir werden die Brücke anständig verminen."

Die Männer gingen an die Arbeit. Als die erste englische Lkw-Kolonne angerollt kam, war die Brücke ein einziges Minenfeld.

Neben dem rechten MG warf sich Oberfeldwebel Arent in Deckung.

„Wenn sie die Brücke erreichen, dann scheppert es, Männer."

Die Lkw-Kolonne kam näher. Schon war der Gegner zu erkennen.

„Nicht schießen, bevor ich Befehl gebe."

Hinter ihren MG warteten die Fallschirmjäger. Die ersten Lkw erreichten die Brücke. Eine mächtige Detonation warf den vordersten Wagen förmlich in die Luft. Fetzen flogen, Flammen stiegen in die Höhe. Der zweite Lkw kurvte um den ersten herum. Abermals schoss eine Flamme in den Himmel. Dann knatterte die Munition, die der Wagen geladen hatte, in die Luft, und schließlich blaffte eine weiße Benzinflamme aus dem ersten Lkw.

Damit war die Brücke gesperrt. Jetzt hatte der Gegner begriffen. Oberfeldwebel Arent feuerte den Doppelschuss Rot. Beide MG 42 begannen gleichzeitig zu sägen. Ihre in rasender Feuergeschwindigkeit ausgespuckten Garben mähten die Angreifer nieder.

In der Nacht versuchte es der Gegner noch einmal. Er musste für die eingeschlossene 11. englische Brigade und für die 1. US-Panzerdivision, die ebenfalls in diesem Kessel saß, Nachschub heranschaffen oder diesen Verbänden mindestens einen Fluchtweg öffnen. Er schaffte es nicht.

Der zweite Tag sah die Männer des Pionierzuges Arent immer noch beiderseits der Brücke. Mit einer Handvoll Männer hielt der Oberfeldwebel diese strategisch wichtige Stellung. Mit einem nächtlichen Stoßtrupp ging er persönlich vor. Vier Feindfahrzeuge wurden auf der Straße gesprengt, während Merz und Arent mit ihren MPi den Gegner, der zum Gegenstoß ansetzte, niederhielten. Drei Tage und zwei

Nächte sperrten die Pioniere diesen einzigen Fluchtweg des Gegners. Während die 10. deutsche Panzerdivision schon zur Umfassungsbewegung ausholte, war es immer wieder Oberfeldwebel Arent, der während der vier Tage andauernden Schlacht um Tebourba seine Männer zu ungeahnten Leistungen mitriss.

Als in der zweiten Nacht eine feindliche Kampfgruppe in Kompaniestärke über den Medjerda setzte, warf Oberfeldwebel Arent sich ihr entgegen. Mit zehn Männern seines Zuges erledigte er den übergesetzten Gegner im Nahkampf. Ein einziger deutscher Pionierzug, geführt von einem Oberfeldwebel, wurde zum Angelpunkt der Schlacht um Tebourba.

134 Feindpanzer lagen vernichtet im Kessel, 1.200 Gefangene wurden nach Tunis geschafft.

Am 3. Dezember war der Kampf zu Ende. Oberstleutnant Koch rief seinen Pionierzug zurück, und Oberfeldwebel Arent ließ antreten.

Als sich der Zug in Bewegung setzte, wurde er aus vorgeschobenen Feindstellungen beschossen. Niemand achtete auf dieses weit entfernt liegende Feuer. Auch Oberfeldwebel Arent nicht.

Auf einmal sahen die Männer, die hinter ihrem Zugführer gingen, dass Oberfeldwebel Arent, so, als habe ihn jemand hart in den Rücken gestoßen, nach vorn taumelte und auf das Gesicht fiel. Sofort sprangen drei, vier Männer hinzu. Sie sahen den Einschuss am Kopf des Kameraden. Er musste sofort tot gewesen sein.

Am 4. Dezember ging ein Funkspruch aus dem Führerhauptquartier beim Regiment ein:

„Der Führer und Oberste Befehlshaber der Wehrmacht hat Oberfeldwebel Peter Arent für hervorragenden Einsatz seines Pionierzuges und persönliche Tapferkeit vor dem Feind in den Kämpfen bei El Bathan das Ritterkreuz des Eisernen Kreuzes verliehen."

Oberfeldwebel Arent konnte diese hohe Auszeichnung nicht mehr persönlich in Empfang nehmen. Wenige Tage nach seiner Auszeichnung wurde er auf dem Friedhof des Fallschirmjägerregiments 5 in La Mornaghia beigesetzt.

Über dem Grab der Abteilung B, Reihe 4, Nummer 3 steht ein Eisernes Kreuz, darüber der stürzende Adler – vergängliches Zeichen der letzten Ruhestätte dieses vorbildlichen Soldaten, der in die Geschichte der Fallschirmtruppe eingegangen ist.

In den Herzen derjenigen, die ihn kannten und den Krieg überlebten, hat die Erinnerung ihm ein bleibendes Denkmal gesetzt.

Abkürzungsverzeichnis

Verbände

Kp. .... Kompanie
Btl. .... Bataillon
Rgt. .... Regiment
Brig. .... Brigade (gemischter Verband über Regiment Stärke)
Div. .... Division
Fsch.Korps .... Fallschirmkorps
AK .... Armeekorps
Fsch.AOK .... Fallschirm-Armeeoberkommando

Dienstgrade

Pi. .... Pionier
Gefr. .... Gefreiter
OGefr. .... Obergefreiter
Uffz. .... Unteroffizier
Fw. .... Feldwebel
Ofw. .... Oberfeldwebel
Hfw. .... Hauptfeldwebel (Kompaniefeldwebel)
Fhj. Feldwebel .... Fahnenjunker-Feldwebel
Fw. OA .... Feldwebel-Offiziersanwärter
St. Arzt .... Stabsarzt
Lt. .... Leutnant
Oblt. .... Oberleutnant
Hptm. .... Hauptmann
Maj. .... Major

Dienststellungen

Kdr. .... Kommandeur
Adj. .... Adjutant
Nachr.Offz. .... Nachrichtenoffizier
Hptm.b.St. .... Hauptmann beim Stab
Kfz.-Offz. .... Kraftfahrzeugoffizier
Insp.K. .... Inspektor für Kfz
Fhr.Pi.Kol .... Führer der Pionierkolonne (Versorgungseinheit
.... für Pioniergerät und Pioniermunition)

Waffen / Gerät

BV 222 .... Flugboot Blohm und Voß „222“
Ju 52 .... Transportflugzeug Junkers „52“
Flak .... Flugabwehrkanone

Pak .... Panzerabwehrkanone
T 34 .... russischer Kampfpanzer

Sonstige Abkürzungen
WAST .... Wehrmachtauskunftstelle Berlin
EM .... Erkennungsmarke
HKL .... Hauptkampflinie
Gr.Spl. .... Granatsplitter
IG .... Infanteriegeschoss
AG .... Artilleriegeschoss/Artilleriegranate

Korps-Fallschirm-Pionierbataillon – Geburtstagsliste der Offizier (Stand Herbst 1942)

Januar:	2.	1909	Leutnant	von Albert
	5.	1906	Leutnant	Tillmann
	8.	1918	Leutnant	Petritsch
	9.	1917	Leutnant	Klinge
	9.	1915	Reg. Insp.	Grölle
	20.	1919	Leutnant	Kubillus
	24.	1906	Stabsarzt	Dr. Illing
	26.	1917	Oberleutnant	Ernst
	27.	1913	Leutnant	Ott
	28.	1902	Insp.(K)	Müller
Februar:	11.	1913	Feldwebel	Peters
	19.	1915	Feldwebel	Beckmann
März:	1.	1914	Oberfeldwebel	Kirchner
	12.	1909	Reg. Insp.	Schubert
	20.	1912	Oberarzt	Dr. Barthels
	27.	1920	Leutnant	Heise
April:	28.	1909	Leutnant	Treue
	28.	1915	Oberleutnant	Hardt
Mai:	1.	1919	Feldwebel	Tenner
	18.	1915	Oberfwk.	Plewe

	19.	1921	Feldwebel	Müller
	25.	1913	Reg. Insp.	Maltan
	31.	1914	Leutnant	Tiemens
Juni:	3.	1919	Feldwebel	Bley
	12.	1909	Oberleutnant	Hünichen
	16.	1919	Oberleutnant	Braun
	19.	1920	Leutnant	Herrmann
	26.	1915	Oberarzt	Dr. Schostag
	29.	1911	Oberleutnant	Conrad
Juli:	18.	1922	Feldwebel	Forschner
	21.	1919	Leutnant	Leute
	29.	1906	Oberleutnant	Elbert
August:	2.	1914	Oberleutnant	Walter
	14.	1916	Major	Witzig
	15.	1918	Oberleutnant	Schobert
Oktober:	3.	1913	Oberfeldwebel	Wenzel
	15.	1909	Oberleutnant	Friedrich
November:	10.	1914	Oberleutnant	Tietjen
	14.	1921	Feldwebel	Kaden
	21.	1913	Feldwebel	Fischer
Dezember:	14.	1911	Leutnant	Weber

Korps-Fallschirm-Pionierbataillon 1942/1943

(Aus Unterlagen der WAST, Berlin)

Feldpost-Nr.:	L 44 410	44 740	24 917	51 097	51 474
	(Stab)	1. Kp.	2. Kp.	3. Kp.	4. Kp.

Mob-Hptl. Nr.: 62 784, 64 842, 64 843, 64 844
63 092, 214 362

Stellenbesetzung:

Kommandeur:	Major Witzig, Rudolf
Adjutant:	Oberleutnant Braun, Jakob, geb. 16.06.19 – 25.02.43 verw. EM: 53 366/197 Leutnant Tiemens, Max, geb. 31.05.14 ab 25.02.43 EM: 62 785/192
Verlustoffizier:	Hauptmann Elbert, John, geb. 29.07.06 – Febr. 43 Verstorben 1.05.43 (IG) Grab: Heldenfriedhof Borgell in Tunis, Grab 21/1
Nachkommando Wittenberg:	Leutnant Weber, Hans
Zugeteilte Offiziere:	Leutnant Geckeis, Ruprecht, geb. 17.10.16 – 08.03.43 Gefangenschaft Leutnant Fuchs, Lothar, geb. 07.09.02 – 27.03.43 verwundet
Verwaltung:	Insp. Maltan, Adam
K.-Offizier:	Oberleutnant Schobert
1. Pi. Kol.:	Oberleutnant Conrad, August, geb. 29.06.11 versetzt zur 1. Kp. EM: 64 842/ 1
Ärzte:	Stabsarzt Dr. Bartels Stabsarzt Dr. Holzmeister, Hans, löste Dr. Illing ab Stabsarzt Dr. Illing

1. Kompanie:

Kompanieführer:	Oberleutnant Ernst, Walter Oberleutnant Hünichen, Manfred, geb. 12.06.09 – 22.11.42 verwundet EM: 62 785/ 2 Oberleutnant Conrad, August, geb. 29.06.11 gefallen 28.01.43 Jefna EM: 64 842/ 1 Leutnant Kubillus, Alfred, geb. 20.01.19 EM: 64 843/ 219
Zugführer:	Leutnant Petritsch, Hans, geb. 08.01.18, gefallen 01.12.1942 Jefna EM: 62 783/ 24

	Leutnant Wenzel, Helmut, geb. 03.10.13 – 08.03.43 Sedjenane – gefangen EM: 62 823/ 218 Oberfeldwebel Niedermeyer, Hans, geb. 19.11.14 bis 08.03.43 Sedjenane gefangen EM: 62 823/ 145
Hauptfeldwebel:	Hauptfeldwebel Matzke, Rudi

2. Kompanie:

Kompanieführer:	Oberleutnant Tietjen, Cord bis 28.11.42 dann in Gefangenschaft geraten EM: Leutnant Tiemens, Max, geb. 31.05.1914 bis Februar 1943 versetzt (Adjutant) EM: 62 785/ 192 Oberleutnant Braun, Jakob, geb. 16.06.1919 verwundet 25.02.43 EM: 53 366/ 197 Leutnant Hermann, Karl-Ernst, geb. 19.06.1920 bis 19.03.1943 verwundet; EM: 62 784/ 357
Zugführer:	Leutnant Treue, Fritz EM.: Leutnant Tiemens, Max, 31.05.1914 bis Nov. 1942 EM: 62785/ 192 Oberfeldwebel Meyer EM.: Leutnant Hermann, Karl-Ernst, geb. 19.06.1920 bis 25.02.1943 EM: 62 784/ 357
Hauptfeldwebel:	Hauptfeldwebel Mross, Willi Hauptfeldwebel Händler

3. Kompanie:

Kompanieführer:	Oberleutnant Friedrich, Alfred EM: Oberleutnant von Albert, Hans, geb. 21.01.09 ab April 43 EM: 62 784/ 561
Zugführer:	Oberfeldwebel Schikorra, Helmut, geb. 14.04.1915 bis 30.12.1942 gefangen bei Lastensegler-Sondereinsatz EM: 62 824/ 235 Oberfeldwebel Beckhaus, Heinrich, geb. 06.02.1914 EM: 62 824/ 230

Feldwebel Kastl, Eduard, geb. 11.11.1915
EM: 62 824/ 327
Feldwebel Ackermann, Hermann, geb. 03.10.1918
EM: 62 824/ 119

Hauptfeldwebel: Hauptfeldwebel Jelinek, Josef, geb. 24.01.1916 verwundet am 27.03.1943 EM: 62 823/ 241

4. Kompanie:

Kompanieführer: Oberleutnant Hardt, Hans, geb. 28.04.1915 gefallen am 15.02.1943 Djebel es Sema
EM: 62 784/ 2 Grab: Heldenfriedhof Rekoub/ Tunesien
Leutnant Fuchs, Lothar, geb. 07.09.02-27.03.1943 schwerverwundet (IG Kopf) EM: 4./Bau Kp. 212/198
Hauptmann Elbert, John, geb. 29.07.1906, gefallen 01.05.1943 Grab: Heldenfriedhof Borzett in Tunis, Grab 21/1

Zugführer: Leutnant Klinge, Friedrich, geb. 09.01.1917 gefallen 29.11.1942 in Jefna (IG Bau) EM: 214 363/ 103
Leutnant Leute, Hans, geb. 21.07.1919 gefallen am 06.01.1943 Jefna EM: 214 362/ 41
Leutnant Hessler, Rudolf, geboren 14.12.15 gefallen am 27.03.1943 Tamera (IG Kopf) EM: 1.Pz.Abt. 20/85

Hauptfeldwebel: Feldwebel Schürmann, Hubert, geb. 18.05.1920
EM 62 801/ 131
Feldwebel Boos, Georg, geb. 27.02.1916
EM: 64 843/340
Feldwebel Dieball, Erwin, geb. 23.09.1914
Hauptfeldwebel Wenhardt, Karl

Einsatzorte und Zeiten (lt. Unterlagen der WAST):

1. Stab:
17.11. – 26.11.1942 Djebel Abiod
28.11.1942 Jefna
8.3.1943 Tamera – Balanz.

1. Kompanie:
17.11. – 26.11.1942 Djebel Abiod
28.11. – 01.12.1942 Jefna
02.01. – 22.02.1943 Jefna und Djalta
26.02. – 08.03.1943 Sedjenane

2. Kompanie
Juli 42 – Febr. 1943 Brigade Ramcke
22.02.1943 Sedjenane
19.03.1943 Djebel Abiod

3. Kompanie
25.11. – 26.11.1942 südl. Mateur
01.12.1942 Bizerta
30.12. – 19.01.1943 Lastensegler-Sondereinsatz
26.02. – 8.03.1943 Sedjenane, Höhe 157
27.03.1943 Heita
28.03.1943 Tamera

4. Kompanie:
17.11.1942 – 26.11.1942 Djebel Abiod
28.11.1942 – 30.11.1942 Jefna
06.12.1942 Bizerta
06.01.1943 – 28.02.1943 Jefna und Djalta
03.03.1943 Djebel Gurba
08.03.1943 Sedjenane
18.03.1943 – 27.03.1943 Tamera

I./Fallschirm – Pionierregiment 21

(umbenannt: aus früherem Korps-Fallschirm-Pionierbataillon)

Feldpost-Nr.:	L 44 410	44 740	24 917	51 097	51 474
	(Stab)	1. Kp.	2. Kp.	3. Kp.	4. Kp.

Mob-Hptl.-Nr.: 62 784, 64 842, 64 843, 64 844
214 362, 214 363

Stellenbesetzung:

Kommandeur:	Major Witzig, Rudolf
Adjutant:	Oberleutnant Tiemens, Max, geb. 31.05.14 verwundet 30.07.1944 Gr. Spl. OS/Ges. EM: 62 785/192
Ordonnanzoffizier:	Leutnant Gabler, Erich, geb. 02.05.11 vermisst 27.07.1944 Rollbahn Janowa-Dünaburg EM: 62 894/ 64
Nachrichtenoffizier:	Oberleutnant Heise, Dieter
Hauptmann beim Stabe und Verlustoffizier:	Hauptmann Kindler, 5/1944 bis 9/1944
Nachkommando Wittenberg:	Leutnant Weber, Hans
Ärzte:	Stabsarzt Dr. Holzmeister, Hans Stabsarzt Dr. Thoene Oberarzt Dr. Moll, Werner
Verwaltung:	Insp. Maltan, Adam Insp. Grölle
Hauptfeldwebel Stabskp.:	Hauptfeldwebel Händler

1. Kompanie:

Kompanieführer:	Leutnant Kubillus, Alfred, geboren 20.01.1919 verwundet 24.07.1944 Gr. Spl. Kopf und Beine, Erk.-Marke: 64 843/ 219 Leutnant Fromme, Helmut, geb. 02.12.1921 EM: 62 784/ 206

Zugführer:	Leutnant Grothen, Wilhelm, geb. 02.05.1917 gefallen 26.07.1944 Kurmele (AG Kopf) EM: 64 843/ 397 Oberfeldwebel Drucks, Richard, geb. 31.10.1917 gefallen 26.07.1944 Kurmele (IG Kopf), EM: 60 550/11 Oberfeldwebel Binder, Wilhelm, geb. 26.10.14 – 27.07.44 Kurmele russische Gefangenschaft, EM 63 125/15019 ?, 214 363/ 106
Hauptfeldwebel:	Hauptfeldwebel Matzke, Rudolf

2. Kompanie:

Kompanieführer:	Oberleutnant Walter, Kurt, geb. 02.08.1914 gefallen am 26.07.1944 Miasianka (IG Bauch und Oberschenkel) EM 62 784/ 545
Zugführer:	Leutnant Flohr, Hans, geboren 03.02.1920 verwundet 26.07.1944 Miasianka (IG linker Unterarm), EM 62 784/ 570 Oberfähnrich Senft, Heinz geb. 05.08.1923 gefallen 26.07.1944 Rollbahn Kowno – Dünaburg, EM 62 784 / 592 Oberfeldwebel Herden, Rudolf, geboren 06.08.1920, EM.: 62 784/ 239 Feldwebel Mahnke, Günther, geb 07.05.1920 verwundet 15.08.1944 (AG rechter Unterarm und rechter Unterschenkel), EM: 64 843/ 25 Unteroffizier Neumann, Werner, geboren 29.12.1922 bis 21.07.1944 ?, EM: 64 843/ 157
Hauptfeldwebel:	Hauptfeldwebel Seifarth, Hans, geboren am 12.09.1919 EM: 62 784/ 220

3. Kompanie:

Kompanieführer:	Oberleutnant von Albert, Hans, geboren 21.01.1909 EM: 62 784/561

Kompanietruppführer:	Feldwebel Schnoor, Peter, geb. 07.12.1914 verwundet am 22.07.1944 (Granatsplitter Gesicht), EM: 20 839/ 186
Zugführer:	Leutnant Graf Bernstorff, Joachim, geb. 05.04.1918 verwundet Juli 1944 in Litauen, EM: 1./Leichte Flakabteilung 76/ 171 Leutnant Huff, Alfred, geb. 25.11.1912, verwundet 24.07.1944 (IG Kopf und Brust), EM: 62 786/ 13 Feldwebel Knatz, Heinrich, geboren am 15.10.1918 EM: 62 783/ 203 Feldwebel Herrbrich, Georg, geboren am 12. März 1919, verwundet am 24.07.1944 (IG rechte Hand, Oberschenkel und Gesicht), EM 64 843/ 15
Hauptfeldwebel:	Feldwebel Jenal, Hans
4. Kompanie:	
Kompanieführer:	Oberleutnant Gasteyer, geb. 17.02.1915 verwundet 26.07.1944 (Gr. Spl. Rücken und Oberschenkel), EM 62 824/ 227 Leutnant Schürmann, Hubert, geb. 18.05.1920 verwundet 30.07.1944 Sulvalkelia (IG linker Oberarm), EM 62 801/ 131 Leutnant Tiemens, Max, geboren 31.05.1914, verwundet 30.07.1944 (Gr. Splitter Oberschenkel und Gesäß), EM 62 785/ 192
Kompanietruppführer:	Feldwebel Schwinghammer, Johann, geboren 11.04.1919, gefallen am 26.07.1944 Miasianka (IG Kopf), Grab: Ehrenfriedhof Schanz, Kauen/Litauen, EM 64 843/ 38 Unteroffizier Braun, Siegfried, geboren am 31.03.1923
Zugführer:	Oberfeldwebel Kastl, Eduard, geb. 11.11.1915, verwundet 26.07.1944 (IG linker Arm), EM 62 824/ 327, (62 842/ 327 ??) Oberfeldwebel Bos, Georg, geb. 22.02.1916, EM 64 843/ 340

	Feldwebel Bock, Fritz, geb. 19.11.1920, verwundet 25. Juli 1944 (IG Ellenbogen), EM
	Feldwebel Dziebaka, Ferdinand, geboren am 06.05.1920, verwundet am 26.07.1944 (IG linker Unterarm), EM 62 570/ 72
	Feldwebel Beckmann, Wilhelm, geboren am 19.02.1915, verwundet am 17.08.1944?, EM 62 783/ 12
	Feldwebel Weber, Heinrich, geboren am 22.07.1923, verwundet am 05.08.1944 (IG linker Unterarm), EM 64 843/ 191
Hauptfeldwebel:	Hauptfeldwebel Wenhardt, Karl, geboren am 19.04.1913, EM 62 824/ 237

Friedhöfe des Bataillons:

1. Ehrenfriedhof „Schanzen“, Kauen/Litauen im Juli 1944
2. Einzelgräber links und rechts der Rollbahn „Janova – Dünaburg“
3. Heldenfriedhof in Schloßberg/Ostpreußen ab August 1944

Einsatzorte und Zeiten (lt. Unterlagen der WAST):

Stab:

09.06.1944:	St. Amand/Frankreich – Moulins
29.07.1944:	Garliava, 8 km südlich Kauen/Litauen

Nachrichtenzug:

26.07.-29.07.1944:	Gut Dziowalkowe, 6 km SW Wilkomirz

Stabskompanie:

28.07.1944:	Uzusaliai, 25 km NO Kauen,

1. Kompanie:

1943 – 07.1944:	Moulins, Ivry la Bataille, St. Andrae
19.07.1944:	Pasusviai/Litauen, 23 km ostwärts Kauen
24.07.1944:	Kurmele, rechts der Rollbahn
14.08.1944:	Sintautai, 8 km SW Schaken
23.09.1944:	Ostwärts Vailiskai, 9 km N Wirballen/Litauen

2. Kompanie:

19.07.1944:	Tannenwald Pasusviai,
24.07.1944:	Miasianke, 3 km südlich Ukmerge/Litauen
15.08.1944:	Ostwärts Vailiskai, 8 km nördlich Wirballen/Litauen
05.09.1944:	Andriskiai am Seimena

3. Kompanie:

09.06.1944:	St. Amand/Frankreich
19.06.1944:	Toulon b/Moulins/Frankreich
19.07.1944:	Levintai/Lit.
21.07.1944:	Pasusviai, 25km ostwärts Kauen
24.07.1944:	Kurytsky, rechts der Rollbahn Jonava-Dünaburg
27.07.1944:	Kurmele, links der Rollbahn Jonava-Dünaburg
30.07.1944:	Sulvalkeliai, rechts der Rollbahn Jonava-Dünaburg
03.08.1944:	Sintautai, 8 km ostwärts Schaken
05.09.1944	Andriskiai am Seimena (Wilkewischken)

4. Kompanie:

04.05.1944:	Mailly le Camp/Frankreich
09.06.1944:	St. Amand/Frankreich
25.06.1944:	Thauvernay
19.07.1944:	Nördlich Makenai
25.07.1944:	Miasianka, 7 km südlich, Wilkomirz/Litauen
30.07.1944:	Sulvalkeliai, rechts der Rollbahn Jonava-Dünaburg
03.08.1944:	Sintautai, 8 km ostwärts Schaken
13.08.1944:	ostwärts Vailiskai, 8 km nördlich Wirbellen/Litauen

Hauptverbandsplatz:

03.08.1944:	Sintautai

Personalveränderungen in Litauen / Ostpreußen Sommer 1944

Bataillonadjutant Oberleutnant Tiemens verwundet am 30.07., danach Oberleutnant Heise Adjutant und Nachrichtenoffzier
Chef 1. Kompanie Leutnant Kubillus verwundet 24.07., danach Leutnant Fromme
Chef 2. Kompanie Oberleutnant Walter gefallen am 26.07. bei Kurmele
Chef 4. Kompanie Oberleutnant Gasteyer verwundet 26.07., danach Leutnant Schürmann

Verfügung Oberkommando der Luftwaffe vom 29. November 1944

Oberkommando der Luftwaffe
Generalstab Gen.Qu.
Az. 11b 12.16 Nr. 14 665/44 g.Kdos. (2.Abtl. IID)

H.Qu., den 29.11.1944

60 Ausfertigungen
13. Ausfertigung

Betr.: Auffrischung 1./Fsch.Pi.Rgt. 21 (Armee-Truppe)

1.) Mit sofortiger Wirkung wird die Auffrischung des I./Fsch.Pi.Regt. 21 befohlen.

2.) Gliederung und Stärke:

Stab Fsch.Pi-Batl.	K.St.N.Nr. 8211 (L)
N.-Zug	K.St.N.Nr. 8216 (L)
1.-3. Pi-Komp.	K.St.N.Nr. 8221 (L)
Fsch.-Pi.Kol.	K.St.N.Nr. 8226 (L)

3.) Durchführung : Kommandierender General der Ausbildungs- und Ersatztruppen der Fallschirmarmee

4.) Besetzung der Planstellen:

a) mit Offizieren und Beamten:	Durch Chef d. Pers.-Rüstung und NS-Führung der Luftwaffe (LP) im Benehmen mit Kommandierendem General der Ausbildungs- und Ersatztruppen der Fallschirmarmee
b) mit übrigem Personal:	Aus Bereich Kommandierendem General der Ausbildungs- und Ersatztruppen der Fallschirmarmee
c) mit Stämmen:	Aus Beständen I./Fsch.Pi.-Regt. 21

5.) Materialgestellung:

a) Kraftfahrzeuge:	Durch Chef der Kraftfahrw. der Luftwaffe
b) Waffen und Gerät:	Durch OKH (Anforderung über Genst Gen. Qu. 6. Abt.)
c) Ln-Gerät:	Durch Chef d. Nachschubw. d. Lw. nach Weisung Gen.-Nafü.

6.) Unterstellungsverhältnisse:

a) für die Dauer der Auffrischung: Kommandierender General der Ausbildungs- und Ersatztruppen der Fallschirmarmee

b) nach erfolgter Zuführung: Fallschirm-Armeeoberkommando 1

7.) Durchführung ist durch Kommandierenden General der Ausbildungs- und Ersatztruppen der Fallschirmarmee entsprechend der Aufbringung von Material 10-tägig (5., 15., 25. Jeden Monats) an:

Luftwaffenführungsstab (Ia)
Genst.Gen.Qu. 2. Abt.
Genst.Gen.Qu. 6. Abt.
Chef d. Pers. Rüstung u. NS-Führung der Luftwaffe
zu melden.

Verteiler:
(nur im Entwurf, an zuständige Dienststellen des OKL und des RdL sowie beteiligte Kommandostellen der Luftwaffe und des Heeres)

I.A.
gez.: von Criegern
Generalleutnant u. Generalquartiermeister
F. d. R.

Hauptmann

Literaturverzeichnis

Alman, Karl; Sprung in die Hölle, Raststatt 1964
Arent, Peter; Briefe nach den Schlachten
Austermann, Heinz; Von Eben Emael bis Edewechter Damm, Verlag Fallschirm-Pionier-Gemeinschaft, Holzminden 1971
Kurowski, Franz, Deutsche Fallschirm-Jäger 1939 –1945, Verlag Edition Aktuell
Kühn, Volkmar; Deutsche Fallschirmjäger im Zweiten Weltkrieg, Flechsig Verlag, 8. erweiterte Auflage 2006
Prof. Heinz Bliss, Nachruf Oberst a. D. Rudolf Witzig, Der deutsche Fallschirmjäger 5/2001
Zeitungsausschnitt – Rudolf Witzig 80 Jahre alt
Gemeinschaft der Fallschirm-Pioniere im Bund Deutscher Fallschirmjäger, Jahrbuch 1989

Museum
MUSEUM
STAMMHEIM
MILITÄR- UND ZEITGESCHICHTE
www.museum-stammheim.de
97509 Stammheim / Unterfranken